RECHERCHES

SUR LES MOYENS DE PRÉVENIR LE RETOUR DES CRISES

EN MATIÈRE DE SUBSISTANCES.

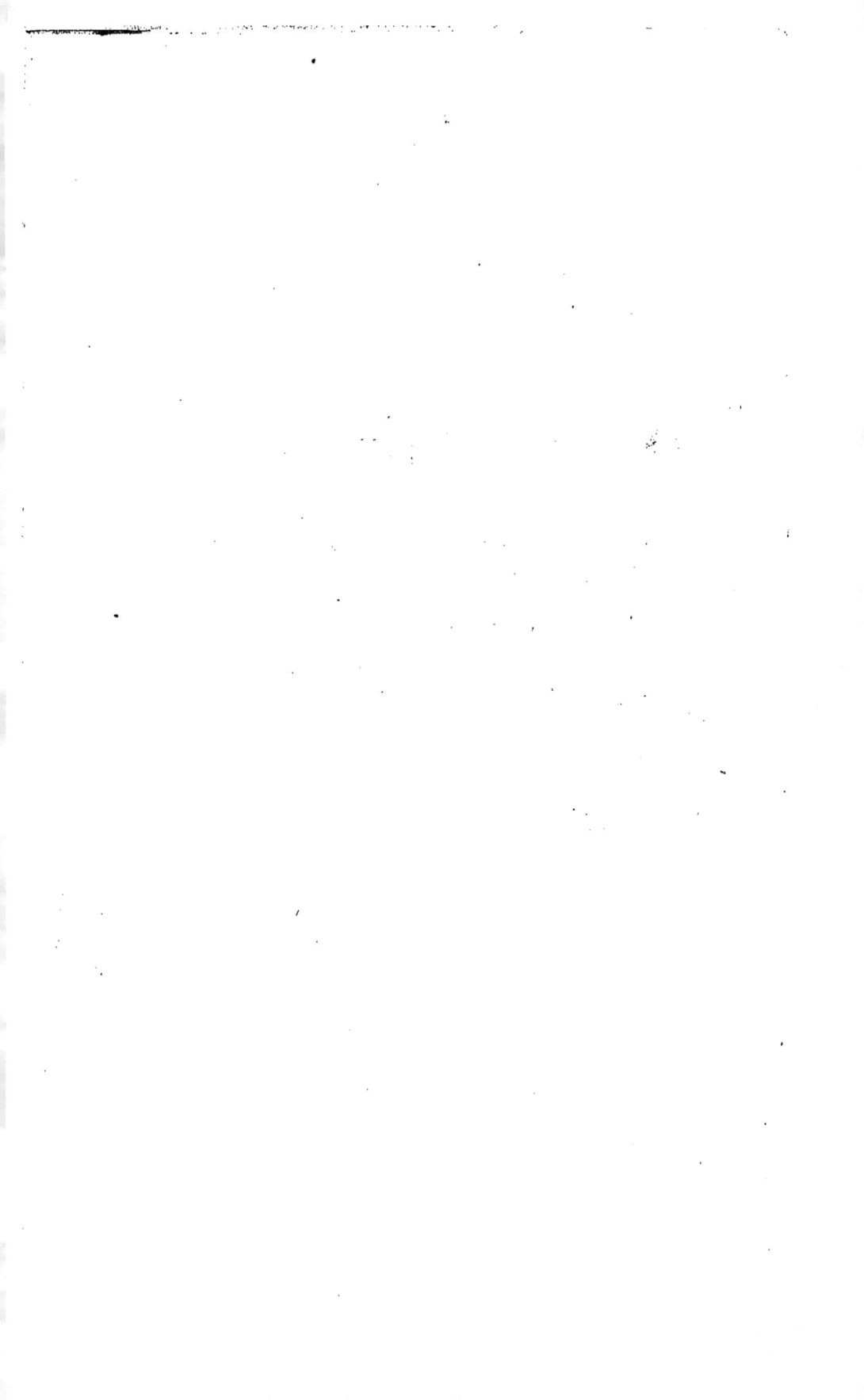

RECHERCHES

SUR LES MOYENS DE PRÉVENIR LE RETOUR DES CRISES

en matière de

SUBSISTANCES

ET

Sur la possibilité d'obtenir une bonne Statistique annu...
des Ressources alimentaires de la France.

PAR M. LE B^{on} DE TOCQUEVILLE,

Membre du Conseil général de l'Oise et du Conseil général d'agriculture. Président de
l'association des Agriculteurs du nord de la France et de la Société
d'agriculture de l'arrondissement de Compiègne.

COMPIÈGNE,

TYPOGRAPHIE DE JULES ESCUYER, RUE DES MINIMES, 7.

1847.

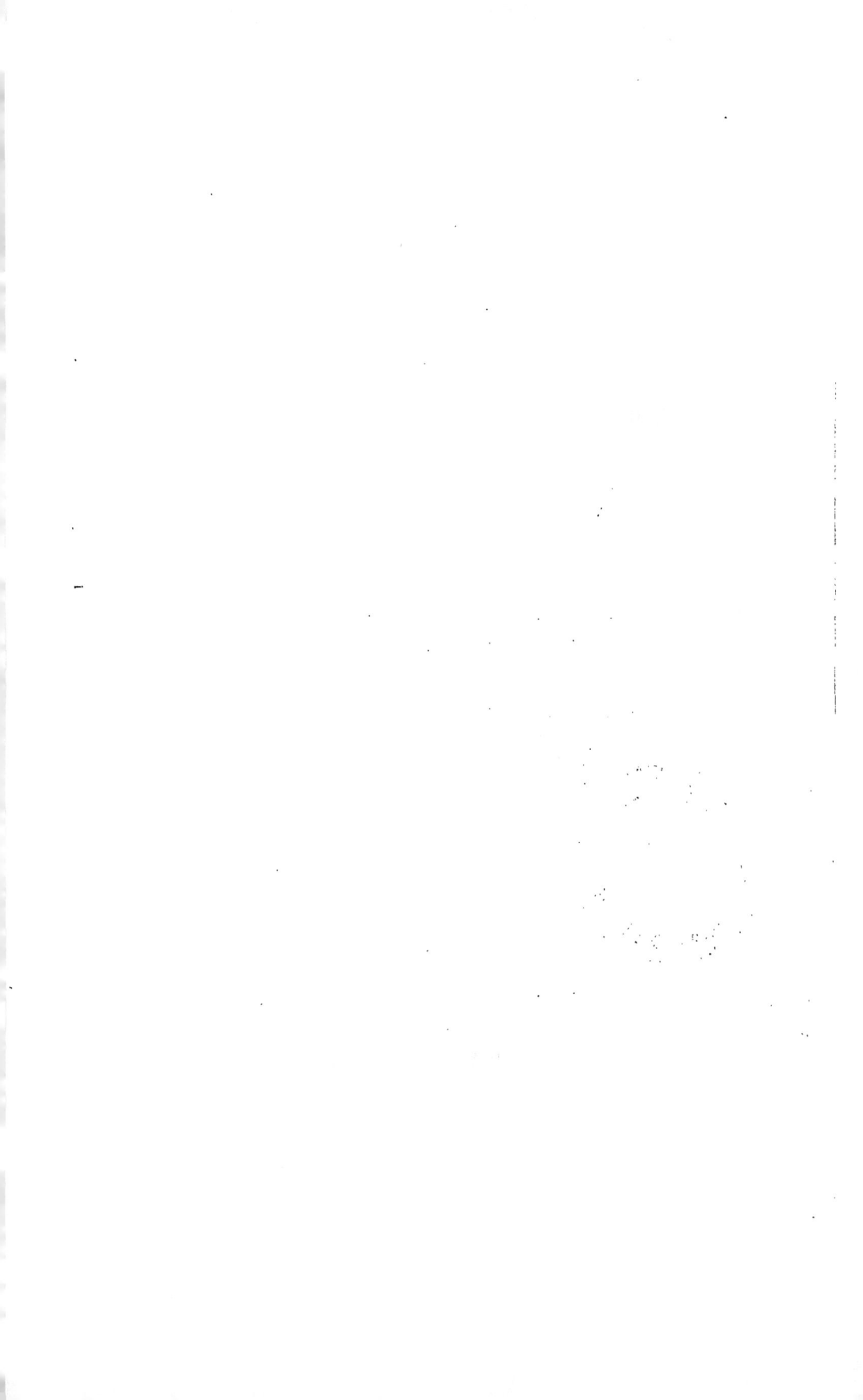

RECHERCHES

SUR LES MOYENS DE PRÉVENIR LE RETOUR DES CRISES

en matière de

SUBSISTANCES

ET

Sur la possibilité d'obtenir une bonne Statistique annuelle des
Ressources alimentaires de la France.

DES SYSTÈMES PROPOSÉS.

Les souffrances causées par la crise des subsistances qui
vient de peser sur la France ont fait sentir la nécessité de
chercher les moyens d'en prévenir le retour.

Une mauvaise récolte a suffi pour placer une des nations
les plus riches et les plus florissantes du monde dans une
situation dont la gravité a épouvanté les plus fermes esprits.

Nul n'osait arrêter sa pensée sur les perturbations profondes qu'eût pu amener, dans l'ordre social et politique, une seconde année de disette.

Le pays s'est senti avec anxiété pendant plusieurs mois à la merci du caprice des saisons; il a compris à quoi tenaient son repos, son bien-être, et peut-être son existence, et il a mesuré avec effroi les dangers de l'aveugle imprévoyance qui l'endort depuis si longtemps dans une fausse sécurité.

Les crises des subsistances ont des effets immédiats et des effets éloignés. Celle de 1847, résultant d'un déficit évalué par M. Millot à 14 pour cent, ou 51 jours de nourriture, a produit de profondes misères dans les familles, compromis l'ordre intérieur et la sécurité des marchés publics, nécessité une importation de 12 millions et demi d'hectolitres de grains étrangers[1] portant sur deux années, et augmenté de 1,460 millions la dépense des consommateurs en denrées alimentaires indispensables[2].

Les ressources individuelles s'épuisent rapidement quand il y a disette, et bientôt celle des villes, des départements,

[1] Du poids moyen de 72 kilog., 909,000 tonneaux ont été importés en 9,090 navires de cent tonneaux.

[2] A 55 grammes de pain par jour, les 36 millions de consommateurs achètent ou fabriquent 20,000 tonneaux métriques de pain par jour à 300 fr., soit 30 centimes le kilog., prix normal; ce qui constitue une dépense journalière de 6 millions (par an 2,190 millions); mais comme le pain ressort d'août 1846 à août 1847 à 500 fr. le tonneau au lieu de 300, ou 50 centimes le kilog., la dépense journalière en pain a été de dix millions par jour (3,650 millions pour l'année).

Excédant sur l'année normale 1,460 millions.

L'excédant de l'année de crise 1,817 s'est élevé à 1,764 millions.

de l'Etat lui-même se trouvent compromises ; les hospices et les bureaux de bienfaisance ont peine à faire face aux besoins toujours croissants. Les engagements au Mont-de-Piété se multiplient ; les caisses d'épargne se vident, et le produit des octrois diminue tellement, qu'en 1817 les entrées en vins de la ville de Paris se sont réduites à 417,000 hectolitres, de 718,000 qu'elles avaient été pendant la moyenne décennale antérieure.

Tels sont les effets immédiats des crises alimentaires ; leurs effets plus éloignés sont les perturbations qu'elles produisent dans toutes les sources de la production des richesses sociales, et leur contre-coup terrible sur le commerce, l'industrie et les finances. M. Millot, qui par ses travaux persévérants a depuis longtemps attaché son nom à la question des subsistances, et plus récemment M. Briaune dans ses intéressantes recherches [1], ont démontré avec évidence que la prospérité du commerce et des manufactures est intimement liée aux prix de l'alimentation, et que le renchérissement du blé est l'inévitable cause des crises commerciales qui viennent périodiquement ruiner les familles, paralyser l'industrie et démoraliser le travail.

Enfin l'Angleterre, dont les plus solides maisons entrent en ce moment en liquidation, et dont le crédit général est si profondément ébranlé, nous apprend mieux que la France encore ce que peut produire une mauvaise année en céréales sur la situation financière des états.

D'aussi graves intérêts ne seraient pas mis en péril si les peuples connaissaient d'une manière précise leur déficit

---

[1] *Des crises commerciales, de leurs causes et de leurs remèdes.*

réel, et si les légitimes spéculations de leur commerce repo-
saient non sur, de chanceuses probabilités, mais sur des
calculs certains. Or, de semblables renseignements ne seront
obtenus qu'au moyen d'une bonne statistique agricole.

Un autre effet non moins remarquable des années de
cherté est l'influence qu'elles exercent sur les éléments
mêmes de la population. Non seulement alors les décès
augmentent en même temps que les mariages et les naissances diminuent, mais la constitution des enfants qui
viennent au jour pendant cette période de privations en
reste à jamais atteinte, et l'on a constaté qu'aux époques
correspondantes aux années de disette, les listes de recrutement présentaient une réduction depuis 5 jusqu'à **17** %,
tandis que les années riches en céréales amenaient, au
contraire, une augmentation de 5 à 8 %, sur la moyenne
ordinaire. Des observations soigneusement recueillies viennent fortifier ce fait en nous apprenant que les départements
où les exemptions, pour vice de constitution ou défaut de
taille, sont les plus nombreuses, se composent précisément
de ceux où le pain est le plus rare.

Prémunir le pays contre le retour de semblables périls,
tel est le problème que les hommes d'état, les économistes
et les agronomes doivent à l'envi s'efforcer de résoudre.

Plusieurs systèmes ont été proposés, et notamment :

L'établissement de greniers publics de réserve ;

L'augmentation de la puissance productive du pays par
l'amélioration de l'agriculture et la mise en valeur des terres
incultes.

M. le comte de Gasparin a montré dans une savante dis-
cussion l'insuffisance de ces deux moyens.

Le premier serait accompagné d'incalculables dangers;
il appartient, ainsi qu'il le démontre si bien, à d'autres
temps, à d'autres lieux, à d'autres organisations sociales
et à d'autres mœurs.

Le second consisterait à faire progresser l'agriculture par le
défrichement des landes et bruyères, et l'amodiation des
biens communaux; par un vaste et judicieux système
d'irrigation; enfin par l'extension des pâturages et des
plantes fourragères, qui permettrait d'accroître le nombre
des existences animales, et d'obtenir, par le surcroît d'engrais qui en résulterait, des récoltes céréales et farineuses
plus abondantes.

Ce sont là depuis longtemps les vœux de tous les agriculteurs, et ces mesures seraient excellentes en elles-mêmes,
puisqu'elles accroîtraient la richesse de la France, et que,
selon l'heureuse expression de M. de Gasparin, *la richesse
d'un peuple, c'est sa puissance ;* nous ne leur ferons qu'un
reproche, celui de ne pas résoudre la difficulté qui nous
occupe.

DISCUSSION DE CE SYSTÈME.

Augmentez tant que vous voudrez la production agricole
du pays ; et le problème restera encore tout entier si vous
n'empêchez pas le mouvement de la population de suivre, sinon

de dépasser celui de la production. Or, la science économique de tous les temps et de tous les pays nous apprend
que, chez les nations placées dans des conditions normales,
c'est-à-dire soumises à de bonnes institutions et à un bon
gouvernement, la population croît invariablement en raison des moyens d'alimentation qu'elle possède, vérité rendue sensible par cette maxime vulgaire qu'*auprès d'un pain
naît un homme*.

Ainsi le pays, considéré dans son ensemble, verra certainement, par suite des progrès de sa production, augmenter
sa force et son opulence, mais comme sa population se sera
accrue dans la même proportion, l'individu restera faible et
pauvre comme auparavant, et les conditions relatives n'étant
pas changées, les ressources alimentaires de chacun demeu-
reront les mêmes.

Quelquefois, il est vrai, lorsque les peuples acquièrent le
goût du bien-être, ils mettent en pratique sans le savoir les
préceptes de Malthus sur la *contrainte morale et l'obstacle
privatif*, et restreignent la famille tout en multipliant les
moyens de satisfaire à ses besoins. Dans ce cas la production marche plus vite que la population ; c'est ce qui est
arrivé en France depuis que le morcellement de la propriété et la loi des successions, le développement de
l'instruction et les progrès généraux de la civilisation y ont
excité l'instinct des jouissances matérielles.

Si, en effet, à la faveur d'institutions plus libérales, la
population s'y est élevée, en 50 ans, de 25 à 36 millions
d'habitants, on peut affirmer que la production y a mar-

ché plus vite encore, puisque la condition de chaque individu s'y est notablement améliorée [1].

Les renseignements obtenus par la statistique nous apprennent que la fécondité humaine a diminué en France à mesure que le besoin du bien-être se faisait sentir, et que le nombre des naissances relativement à la population totale a baissé graduellement ; elle était :

En 1772, de une sur . . . . 24, 50 individus.
Et se trouvait réduite en 1841, à une sur 34, 10 [2] —

Mais cette réduction n'a pas arrêté le développement de la population, parce qu'en même temps la durée de la vie moyenne s'accroissait de moitié [3], ou, qu'en d'autres termes, le nombre total des naissances excédait de plus en plus celui des décès. Cet excédant a été en 1843, de 171, 172 ; si la même progression se continuait, il suffirait de 139 ans pour que la population doublât en France [4].

En même temps que cette population augmentait, avons-nous dit, son aisance s'accroissait ; cette augmentation de population ayant été de 80 pour cent depuis 1700, la portion de terre cultivée afférente à chaque individu, a dû nécessairement diminuer ; en effet, de 26 ares qu'elle était

1 Ce principe s'étend aux différentes parties d'une nation aussi bien qu'à cette nation tout entière, et les départements les plus productifs de la France sont aussi les plus peuplés.
Voir le tableau de l'*Annuaire des longitudes* 1846, et ceux de la statistique de France.

2 M. Moreau de Jonnès, *Éléments de statistique.*

3 Ibid.

4 *Annuaire du bureau des longitudes*, 1846.

en 1700, elle s'est trouvée réduite à 17 en 1839 [1]; mais ces 17 ares rendent plus aujourd'hui que jadis les 26 [2], et la production du blé a plus que doublé en France dans l'espace de 80 ans, tandis que la population n'a augmenté que d'un peu plus de moitié.[3]

Cette population, grâce au progrès de notre agriculture et aux institutions plus généreuses qui nous régissent, a vu s'accroître la quantité de froment consommée annuellement par chaque individu, de 100 litres à 172. [4]

On jugera surtout de l'amélioration de l'alimentation publique par le tableau suivant :

Habitants nourris de froment.	Habitants nourris de grains inférieurs [5].
En 1700 6,670,000 habitants.	13,300,000 habitants.
1839 19,621,000	13,919,000

Ces chiffres montrent à la fois ce qu'a su faire l'industrie agricole et ce qu'elle doit faire encore.

	Époque.	Population.	Par personne.
1	1700	19,000,000 hommes.	26 ares.
	1839	33,500,000	17

(M. Moreau de Jonnès, *Des Céréales.*)

Nombre d'hectolitres de grains récoltés par hectare.

2		
En 1700		6,08 hectolitres.
1815		8,59
1825		12,57
1839		13,01

(*Idem.*)

	Époque.	Production.	Population.
3	1700	33,760,000 hect.	21,000,000 hommes.
	1839	69,558,000	33,500,000

(*Idem.*)

	Époque.	par habitant.
4	1700	100 litres.
	1760	118
	1811	135
	1839	172

[5] Orge, avoine, sarrazin, châtaignes.

Ils nous suggéreront toutefois les réflexions suivantes :

Si les qualités nutritives des aliments sont en raison de leur cherté, et si les populations nourries des aliments les plus chers sont celles qui tendent à se multiplier le plus rapidement, celles dont l'aisance croît le plus vite et chez lesquelles la force individuelle est la plus prononcée ; l'usage d'un aliment économique n'est donc pas désirable, et l'on serait fondé à se demander si la découverte de la pomme de terre est un bienfait pour l'humanité. Peut-être alors envisagerait-on la maladie mystérieuse qui sévit depuis trois ans contre elle comme un salutaire avertissement donné aux hommes, pour qu'ils en restreignent la culture. Destinée à varier leur nourriture, cette solanée ne doit jamais se substituer entièrement à leurs autres aliments ; mais elle a cela de précieux, qu'étant aussi facilement assimilable aux organes des animaux domestiques qu'à ceux de l'homme, elle peut, dans les années ordinaires, être employée à l'alimentation et à l'engraissement des premiers, et devenir pour le second le plus utile supplétif dans les années de disette.

Loin qu'il soit à désirer qu'un aliment à bon marché soit mis à la portée du travailleur agricole, on peut affirmer que son emploi trop exclusif serait un malheur public, et pourrait mettre l'ordre social en danger.

Qu'arrivera-t-il, en effet, si l'ouvrier trouve à se nourrir presque pour rien ? qu'il perdra, comme l'Indien, l'indolent Lazzarone et l'Irlandais plus rapprochés de nous, qui vivent d'une poignée de riz, de pâte ou de pommes de terre, le goût et l'habitude du travail, et qu'il contractera les vices qui le dégradent ; ou, ce qui est plus probable, que le

prix de la main-d'œuvre, qui suit généralement celui des
denrées alimentaires, s'abaissera successivement, et le lais-
sera ainsi dans les mêmes conditions relatives où il se
trouvait auparavant ; de sorte que le bas prix de son alimentation ne sera pas pour lui une source d'aisance.

Il aura perdu la faculté si nécessaire en bonne hygiène de
varier ses aliments, puisque, s'étant restreint au plus économique de tous, les autres deviendront en quelque sorte
pour lui une nourriture de luxe ; il devra donc renoncer
pour toujours à l'alimentation la plus saine et la plus
substantielle, comme celle dont le froment et la viande sont
la base, et l'économie de ce nouveau régime ne sera même
qu'apparente, puisqu'il perdra en force et en vigueur ce
qu'il croira gagner en argent.

Les frais les plus élevés d'un ménage agricole seront toujours ceux de sa nourriture quotidienne. Si, donc, l'alimentation à bon marché dont il fait usage vient à lui manquer
par suite d'un de ces évènements imprévus semblables à
celui qui vient de frapper la malheureuse Irlande, il se
trouvera dans l'impossibilité absolue de se procurer une
alimentation plus chère.

Qu'eût produit cette année chez ce peuple infortuné une
importation en froment suffisante pour combler le déficit
dont il était la victime? Rien, puisqu'il n'aurait pas eu le
moyen de la payer, et qu'il se fût trouvé réduit à mourir de
faim, les yeux fixés sur ces approvisionnements qu'une
cruelle et ironique pitié aurait offerts à sa misère. L'Angleterre l'a senti, et cette arrogante dominatrice a été contrainte de tendre la main à son esclave agonisante pour
l'empêcher d'expirer ; elle ne lui a pas vendu ses blés ; elle

les lui a donnés au grand préjudice de son trésor ; elle *lui a fait la charité.*

Les ressources du travailleur agricole habitué à une nourriture économique s'épuiseront toujours rapidement quand il se verra réduit pour vivre à la payer plus chèrement ; son salaire se trouvera bientôt insuffisant pour assurer son alimentation et celle de sa famille. Les privations, les souffrances et les inquiétudes ne tarderont point à l'assaillir ; la fièvre en consumant son corps enflammera son imagination, et celle-ci, mesurant l'abîme que creusent incessamment sous ses pas la misère et la faim, lui conseillera de s'armer dans un suprême effort contre cette société qu'il accuse de ses maux, et de se venger, en immolant l'ordre public, de sa coupable imprévoyance.

Sachons prévenir ces funestes éventualités, et préserver notre patrie des périls qui pourraient résulter pour elle de l'alimentation grossière et imprudemment parcimonieuse de sa population ouvrière. Efforçons-nous plutôt de favoriser chez cette dernière le goût et l'habitude des aliments les plus substantiels, fussent-ils les plus chers.

Facilitons en même temps aux travailleurs agricoles les moyens de varier leur nourriture, afin que si l'une des bases qui la constituent vient à leur manquer, une autre puisse s'y substituer aussitôt. En obtenant cette amélioration et cette variété, nous aurons déjà créé de puissantes ressources en cas de crise ; d'une part l'importation ne porte en général que sur des denrées d'un prix élevé, comme le froment, le seigle et le maïs, qui ne peuvent être achetés que par des consommateurs habitués à une alimentation chère ; de l'autre, tous les produits n'étant pas soumis aux mêmes chances de perte ou d'avarie, et ne se recueillant pas aux mêmes époques, l'habitude de la variété dans leur consommation ne permet pas de supposer qu'ils fassent tous défaut à la fois[1].

L'amélioration de l'alimentation du travailleur agricole pourra, il est vrai, avoir pour effet d'élever le prix de la main-d'œuvre; mais il donnera le droit à celui qui accorde un salaire supérieur d'exiger aussi un travail supérieur. Or, on sait qu'il y a encore dans ce cas avantage pour l'entrepreneur, et que partout où les Anglais occupent des ouvriers sur le continent, ils les nourrissent de viande et de froment de première qualité, contrairement aux habitudes du pays, pour en obtenir, avec une dépense donnée, une plus grande somme de travaux[2]. Cette élévation des prix de la main-d'œuvre, si favorable aux classes laborieuses, tournera encore à l'avantage des producteurs agricoles, puisque, après tout, ce seront eux qui créeront et qui livreront à ces classes les denrées alimentaires substantielles dont elles auront contracté l'habitude. La consommation de la viande, en particulier, leur profitera doublement, puisqu'elle amènera forcément la multiplication du bétail qui a elle-même pour conséquence celle de l'engrais, source de toute richesse agricole.

La loi des successions, et le morcellement qui en dérive, en augmentant la production du sol et en faisant partici-

---

1 Cette variété est aussi nécessaire à la terre qu'à l'estomac de l'homme et des animaux.

2 Pour augmenter le bien-être des Français, a dit l'illustre Lagrange, il faudrait augmenter la consommation de la viande, même aux dépens de celle du blé.

per un plus grand nombre d'individus aux jouissances de la propriété, ont accru en même temps, nous l'avons déjà dit, et le chiffre de la population et la somme du bien-être de chacun de ses membres.

Cet effet s'est produit également chez beaucoup d'autres peuples.

Le plus grand développement de l'agriculture romaine a coïncidé avec la plus grande division de la propriété ; car lorsqu'un homme n'a qu'une petite portion de terre à faire valoir pour son existence et celle de sa famille, il y emploie nécessairement toutes ses facultés.

« Les républiques de l'Italie au temps de leur plus haute « splendeur, la plupart des provinces de la Hollande et « des cantons de la Suisse, dit M. Hippolyte Passy[1], avaient « admis l'égalité des partages, et jamais dans aucun de ces « états ne s'étaient produits les maux qu'on a affirmé être « inséparables d'un tel système ; loin de là, toutes ces con- « trées étaient parvenues à un degré remarquable de pros- « périté, et leur agriculture surtout avait été d'une fécondité « justement renommée. »

Le même fait se reproduit de nos jours.

Dans la Limagne d'Auvergne, tout se cultive à bras; dans la Beauce, tout à la charrue; aussi dans la première la population est de 3,500 individus par lieue carrée, et de 7 à 800 dans la seconde[2].

Le nombre des citoyens romains de l'Italie décrut à proportion de la décroissance des produits qui eut pour cause la constitution de la grande propriété.

[1] *Système de culture.*

[2] Dureau de la Malle.

Cependant il arrive quelquefois que, sous l'influence de mauvaises institutions sociales, l'ignorance et la misère engendrent l'imprévoyance. La population augmente alors selon la loi ordinaire, c'est-à-dire en raison des moyens d'alimentation ; mais l'aisance individuelle, au lieu de suivre cette progression, diminue de jour en jour. C'est ce qui a lieu en Irlande, dans les steppes de la Russie et en Chine.

L'Irlande voit croître sa population plus rapidement que toutes les autres contrées de l'Europe, et sa population y est descendue au dernier degré de la misère, parce que les terres y étant louées à un prix excessif, sont cultivées à bras ; que les travailleurs agricoles, au lieu d'être payés en froment, le sont en pommes de terre, et se trouvent ainsi réduits au plus chétif salaire et à la plus pauvre nourriture.

« Le cultivateur y gagne en moyens de subsistance, dit « Malthus, de quoi nourrir deux fois autant de personnes « que pourrait en gagner un ouvrier anglais payé en fro- « ment, et l'accroissement de la population a été à peu « près dans cette proportion ; mais il s'en faut bien que « pour les objets de consommation et de jouissance, leur « sort ait suivi le même rapport, et la condition du pre- « mier est fort misérable quoique ses moyens de subsi- « stance soient comparativement abondants. »

C'est que, par une mauvaise répartition de la propriété et une plus mauvaise répartition de ses fruits, le produit brut est énorme, et le produit net nul pour le cultivateur. Or, si le produit brut fait vivre strictement, le produit net fait vivre dans l'aisance. Le premier a pour résultat l'accroissement de la population, car il naît des hommes partout où il y a de quoi les nourrir ; le second procure seul une plus grande somme de bien-être à cette population.

Les steppes de la Russie présentent un haut degré de fertilité; mais comme elles sont cultivées par des serfs appartenant à des seigneurs qui ne récoltent un excédant de blé que pour l'exportation, la population n'a aucune part à cette abondance, et ne croît sensiblement ni en prospérité ni en nombre.

Enfin, les institutions vicieuses de la Chine y produisent les mêmes résultats, et, au rapport du docteur Anderson[1], la population y est tellement exagérée, que les Chinois ont reçu avec horreur la nouvelle de la possibilité de combattre la petite vérole au moyen de la vaccine, *prétendant qu'ils ne désiraient point être privés d'une maladie qui leur était absolument nécessaire* pour leur éviter la tâche pénible d'exposer leurs enfants à être dévorés par les bêtes féroces.

Le bonheur des individus n'est donc pas en raison de la population, ni même comme l'avance J. B. Say, en raison de la production, mais en raison de la meilleure *répartition des produits.*

Cependant si chacun des habitants d'une nation placée sous de bonnes lois est à la poursuite du bien-être, il n'a jamais la pensée d'accumuler les richesses alimentaires qu'il obtient de son travail, dans le but de se précautionner contre les éventualités de l'avenir. Une telle prévoyance n'est pas dans sa nature; elle supposerait d'ailleurs une connaissance des résultats généraux des récoltes du pays, qu'il ne saurait avoir, et nécessiterait pour l'emmagasinage et la conservation de ses réserves, un surcroît de dépenses et de soins qu'il ne peut pas et qu'il ne veut pas s'imposer.

[1] Bibliothèque Britann. 1805.

Il n'y a qu'une exception à la loi en vertu de laquelle, dans les conditions normales, le progrès de la population marche à peu près du même pas que celui de la production ; c'est lorsqu'une nation est presque exclusivement livrée à l'industrie ou au commerce, et qu'elle renferme, comme l'Angleterre par exemple, une population industrielle exhubérante et en quelque sorte artificielle, hors de toute proportion avec sa population agricole. Une telle nation sera toujours dans l'impossibilité de nourrir ses habitants à l'aide de ses seules ressources, et l'importation sur une très large échelle de denrées alimentaires exotiques deviendra pour elle une condition habituelle d'existence.

Ainsi donc aucun des deux systèmes proposés jusqu'à ce jour pour parer aux dangers des crises alimentaires, à savoir: l'établissement de greniers d'abondance et l'accroissement de la production agricole du pays, ne répond au but qu'on se propose. Mais, en supposant leur efficacité reconnue, ils présenteraient encore un inconvénient commun des plus graves, celui de ne pouvoir porter leurs fruits que dans un avenir fort éloigné; or, à un danger permanent, il faut opposer un remède ou tout au moins un palliatif immédiat.

Essayons de découvrir ce remède, et posons-nous d'abord les questions suivantes.

DES RESSOURCES ALIMENTAIRES DE LA FRANCE
EN CAS DE DISETTE.

Est-il présumable que la France puisse jamais, ou du moins de longtemps suffire complètement, dans les années disetteuses, telles que celles de 1816 à 1817 et de 1846 à 1847, à l'alimentation de sa population, au moyen de sa production et de ses restes en grains des récoltes antérieures ? En d'autres termes, ses exportations dans les années normales deviendront-elles assez fortes pour combler le déficit maximum de ses mauvaises années, déficit qui est, selon M. de Gasparin, de 1/8ᵉ ou de 9 1/2 millions d'hectolitres de grains, et dont la limite paraît avoir été dépassée cette année ?

Nous répondrons sans hésiter, *non*. On vient d'en voir les raisons.

La propriété tend à se subdiviser de plus en plus chez nous ; or, les petits propriétaires s'adonnent peu au commerce des grains, qui a besoin, pour réussir, d'être suivi régulièrement en opérant sur de grandes masses.

L'exportation des bonnes années, dit M. de Gasparin, est en moyenne de 3 millions d'hectolitres ; soit, mais l'importation est en même temps, d'après une moyenne de 27 années[1]

---

[1] De 1816 à 1841, *Statistique officielle*. Il a été introduit dans cette période de 27 ans, 21 millions d'hectolitres de blé représentant une valeur de 462 millions de francs au prix moyen de 22 fr.

2

(bonnes ou mauvaises), de près de 800,000 hectolitres, ce qui réduit à peu près à néant les trois millions d'exportations accidentelles.

Quand la production du froment augmenterait dans la proportion de 13 à 30 hectolitres par hectare, ainsi que M. de Gasparin le croit possible, l'exportation n'augmenterait pas pour cela, à moins que la population qui s'accroît régulièrement de 161,000 individus par année, au lieu de suivre une progression ascendante plus forte, comme cela devrait être, devienne tout à coup stationnaire, ce qui serait contraire à toutes les probabilités, puisque l'accroissement régulier de la population s'est produit jusqu'ici précisément sous l'influence de l'augmentation régulière de la puissance productive du pays.

La France devra-t-elle et pourra-t-elle avoir recours à l'étranger pour combler le déficit de ses denrées alimentaires résultant d'une mauvaise année?

Oui, sans doute, car ainsi que le dit Smith [1], « c'est par « les efforts du commerce que les effets d'une disette « peuvent être atténués. »

Nous n'hésitons donc point à affirmer que ce sera là dans les années de rareté à peu près l'unique ressource du pays. Nous ajouterons que cette ressource suffira pour le mettre à l'abri de tout danger, et qu'elle ne lui manquera jamais s'il sait y avoir recours à temps. La Providence, dans sa miséricordieuse sagesse, ne frappe point à la fois toutes les nations, comme elle ne frappe point au même moment tous les individus d'une nation ou tous les membres d'une

[1] Richesse des nations.

famille. Toujours elle a soin d'accorder aux uns l'abondance quand elle refuse aux autres même le nécessaire, et
veut ainsi leur apprendre à tous à s'entre-aider et à s'assis-
ter mutuellement dans leurs souffrances.

Mais, de même que c'est le chef de la famille qu'elle
charge de pourvoir aux besoins de ceux qui la composent,
c'est aussi aux chefs des nations qu'elle commet le soin
d'assurer l'alimentation des populations qui leur sont soumises.

Ce sont donc les Gouvernements qui doivent prévoir, et
qui seuls peuvent atténuer les crises qui menacent l'existence de ces populations.

En laisser l'initiative au commerce serait le comble de
l'imprudence, car si le commerce sait reconnaitre, avec une
admirable sagacité, les besoins réels et *actuels* d'un peuple,
il prend peu de soin de prévoir ses besoins futurs, et ne
s'aventure guère à y pourvoir lorsqu'ils n'existent point
encore.

Or, en fait d'alimentation, il est trop tard pour pourvoir
aux besoins quand ils se font sentir, car la faim ne saurait
attendre.

Il est donc nécessaire de les prévoir longtemps à l'avance.

Là est le nœud véritable de la difficulté.

Il est évident que le Gouvernement seul est pourvu des
moyens de faire dresser chaque année, après les récoltes,
l'inventaire exact des existences alimentaires du pays ; de
reconnaître si elles sont suffisantes ou insuffisantes, et, dans
ce dernier cas, de prendre sans retard les mesures nécessaires pour les compléter.

Comme cet inventaire résultera de faits innombrables qui
se produisent à la fois sur toutes les parties du territoire

nul autre que l'autorité centrale, dont l'action s'étend sur tout ce territoire, ne sera en mesure de recueillir ces faits, de les grouper et de les comparer entre eux.

La question tout entière se trouve donc ramenée à ces termes :

Quelle doit être l'action du gouvernement en ce qui concerne l'alimentation publique ?

Comment cette action doit-elle s'exercer ?

DES MOYENS D'INVESTIGATION QUE POSSÈDE AUJOURD'HUI LE GOUVERNEMENT.

La première de toutes les conditions pour prévenir les périls de la disette, c'est de connaître les faits : c'est en un mot de *savoir*.

L'administration ne *sait pas* et ne peut pas savoir.

Une bonne statistique *annuelle* des ressources agricoles est le besoin économique le plus pressant du pays.

Cette statistique n'existe pas et ne saurait exister ; les premiers éléments en manquent complètement.

La statistique agricole telle qu'on l'entend aujourd'hui, se fait dans le cabinet ; elle ne peut se bien faire que sur le terrain.

Elle est préparée par des commis, elle doit l'être par des agriculteurs.

Si le plus impérieux devoir du Gouvernement est de chercher à savoir, le plus puissant intérêt du pays est qu'il puisse y parvenir. Ce premier point obtenu, tout le reste deviendra facile.

Comment donc obtenir ce premier point ?

C'est d'abord en adoptant un mode simple, prompt, facile et uniforme, pour la formation de la statistique annuelle des existences alimentaires animales et végétales du pays. S'il est difficile en pareille matière d'arriver à une exactitude mathématique, on peut du moins en approcher beaucoup, et cela suffirait pour apprécier le déficit réel et prévenir les souffrances des populations.

Il est nécessaire pour cela que le Gouvernement connaisse exactement chaque année, à la fin d'octobre :

1° *L'importance des restes en magasin des récoltes précédentes ;*

2° *Le chiffre des existences animales ;*

3° *Les résultats de la dernière récolte par nature de produits ;*

4° *Le rendement des grains au battage.*

La consommation moyenne par individu lui étant connue, il pourra facilement alors prévoir avec certitude, pour l'année qui s'annonce, ou l'abondance ou les éventualités d'une crise.

Pour pouvoir obtenir au mois de novembre les notions qui lui sont indispensables, il devra :

S'assurer au printemps du nombre d'hectares ensemencés en chaque espèce de produits ;

S'assurer après la récolte du rendement moyen de chaque hectare.

Alors il suffira d'une addition de toutes les quantités recueillies d'abord par commune, déduction faite des semences ; ensuite par département, puis de la réduction des moyennes du rendement par hectare, en une seule ; enfin de la proportion à établir entre ces chiffres et celui de la population totale, pour reconnaître immédiatement si le rapport entre les besoins du pays et les moyens de les satisfaire est exact.

Ce procédé est tellement simple, tellement élémentaire, que nous n'avons pas la prétention de le présenter comme une nouveauté.

Il s'agit seulement de découvrir ses moyens d'application.

Le Gouvernement s'efforce tous les ans, et toujours aussi infructueusement, de le mettre en pratique, et les renseignements que nous venons d'indiquer sont réclamés très-consciencieusement, quoique très inutilement par lui chaque année.

Voyons si, dans les conditions actuelles, il peut en être autrement :

DE LA STATISTIQUE OFFICIELLE.

Si la science de la statistique, qui embrasse toutes les branches de l'économie publique, a fait tant de progrès depuis quelques années, et si elle a produit sous son habile directeur [1] les beaux travaux que nous admirons et que

---

[1] M. Moreau de Jonnès.

nous consultons tous les jours, il s'en faut qu'elle ait obtenu
es mêmes résultats en ce qui concerne spécialement la
production du sol.

L'administration convient elle-même des difficultés de
cette entreprise, dans laquelle ont échoué successivement
toutes celles qui l'ont précédée; elle nous apprend que l'inventaire de la richesse agricole de la France a été vaine-
ment réclamé depuis les états de Blois. Conçue et préparée
par Louis XIV et reprise enfin par Napoléon, l'exécution
de ce projet est toujours restée sans résultat, parce que la
statistique a toujours tiré ses termes numériques, soit d'un
système d'induction illusoire, soit d'évaluations arbitraires.

« Ainsi, dit M. Gouin, Ministre de l'agriculture et du commerce, dans le rapport au Roi [1] qui précède le grand re-
cueil de statistique agricole, « les documents officiels ne
« procurent point de lumières sur l'agriculture, et pour en
« acquérir, il fallait une exploration spéciale, qui, jusqu'en
« 1838, n'a jamais été ni tentée, ni projetée. »

Le Ministre croit avoir triomphé de tous les obstacles de
ses devanciers, et il ajoute : « Il était réservé au règne de
« Votre Majesté de voir ramenées enfin dans de meilleures
« voies, après un siècle et demi de tentatives infructueuses,
« les investigations qui doivent faire connaître avec certi-
« tude et précision l'agriculture de la France. »

Cet immense travail a fait faire, il est vrai, un pas considérable à la statistique agricole, mais c'est plutôt en po-
sant des principes excellents sur la précision que réclament
les investigations destinées à en recueillir les termes cer-

[1] Rapport au roi, du 30 mai 1840.

tains, qu'en indiquant et en suivant la voie pratique la plus capable de conduire à ce résultat.

« Ce n'est point par des conjectures, dit le Ministre, qu'on « est arrivé dans la statistique générale de France à l'appré- « ciation de la production agricole, *c'est par une enquête* « *officielle exécutée dans chacune de* 37,300 *communes de* « *France.*

« C'est en agroupant les chiffres de toutes ces communes « que sont formés successivement ceux des cantons, des « arrondissements, des départements, des régions, et enfin « ceux du royaume entier. C'est, en un mot, en recueillant « un à un tous les nombres élémentaires et en les réunis- « sant pour obtenir les résultats généraux. »

Il est incontestable que c'est là le seul moyen rationnel, le seul réellement efficace de procéder en cette matière.

L'administration a compris que *la commune* devait être le point de départ de tout le travail et la base de l'édifice ; rien d'exact, en effet, n'est possible sans cela. Le principe était fort bon, mais les rouages dont on s'est servi s'étant trouvés imparfaits l'ont fait échouer dans l'application. On a oublié que rien n'était préparé, organisé dans les communes rurales pour de semblables recherches, et qu'elles devaient nécessairement donner des résultats négatifs ou du moins très incomplets.

L'adoption de tableaux clairs, précis et offrant un cadre uniforme, fut déjà cependant un progrès très réel ; ils ne présentent plus ces 245 questions adressées aux Maires de chaque commune par Chaptal, en 1810, pour la formation de la statistique de l'empire ; mais un très petit nombre de questions bien posées pour la plupart ; et ce mode eût réussi inévitablement si l'on avait préparé d'avance dans les communes ses moyens d'exécution, et pris des mesures efficaces pour que les tableaux y fussent exactement et *nécessairement* remplis.

On n'arrivera évidemment à rien tant qu'on n'aura pas résolu ce problème, et pourquoi ne pourrait-on pas le résoudre? pourquoi ne parviendrait-on pas à obtenir avec certitude ces renseignements dans les communes où tant d'autres services sont organisés avec une si rigoureuse précision, tels par exemple que la répartition et la perception des contributions, les relevés de l'état civil, le recrutement, la comptabilité communale et administrative, etc.? Toutes choses pour lesquelles des formes spéciales sont prescrites, des moyens spéciaux organisés.

Organisez donc aussi un service spécial pour l'enquête statistique des produits agricoles, et vous obtiendrez le même succès. Cette organisation est surtout indispensable quand il s'agit, comme aujourd'hui, d'un *inventaire annuel* de la production des 20 millions d'hectares qui forment le domaine agricole du pays, inventaire que l'administration réclame toujours, bien qu'elle ne l'obtienne jamais.

Les tableaux qu'elle adresse tous les ans, sans se lasser, aux Préfets des 86 départements, et qui diffèrent peu de ceux que nous présentons nous-mêmes à la fin de ce travail[1], ne sont jamais remplis et ne sauraient l'être, du moins d'une manière sérieuse.

Que deviennent-ils dans les mains des Préfets? Ils sont adressés aux Sous-Préfets, qui les transmettent à leur tour aux Maires ou aux Associations agricoles de leurs arrondis-

---

[1] Voir les tableaux A et B.

sements ; cette divergence de destination est déjà un mal, puisque la base la plus uniforme est nécessaire au succès de cette opération ; mais nous ne nous arrêterons point à cette première difficulté, et nous suivrons ces tableaux dans leur double direction.

Les premiers parviennent aux Maires de campagne ; qu'en font-ils ? Ont-ils le temps, le zèle, les connaissances et la capacité nécessaires pour les remplir eux-mêmes ?

Dans le cas contraire, sans contredit le plus probable, qui devront-ils charger de ce soin ? De qui ont-ils reçu des instructions à cet égard ? Quelles sont ces instructions ? En un mot qu'a-t-on préparé, organisé autour d'eux pour un pareil travail ? Rien, absolument rien.

Ils garderont donc ces tableaux sans les remplir, ou les renverront tels qu'ils les auront reçus ; et il n'y aura rien à leur dire, car il suffit d'y jeter un coup d'œil pour s'assurer que les Maires des communes rurales, réduits aux ressources dont ils disposent aujourd'hui, sont complètement hors d'état de répondre d'une manière précise aux questions si diverses qui leur sont soumises.

Supposons maintenant que ces tableaux soient adressés aux Sociétés ou aux Comices agricoles. Oh ! sans doute ils ne pourront se trouver en de meilleures mains, et seront facilement remplis ? Pas davantage.

Ces Associations renferment assurément l'élite des cultivateurs, et les lumières agricoles y abondent par conséquent. Mais on leur demande tout bonnement l'impossible, et elles n'ont pas plus que d'autres le privilége de l'exécuter.

Ces Associations n'existent pas partout ;

Leur organisation n'est pas la même ;

Elles ne fonctionnent pas de la même manière ;

Elles ne se réunissent pas aux mêmes époques ;

Leurs réunions sont peu fréquentes et trop souvent peu nombreuses ;

Enfin leur constitution n'a rien de légal dans l'acception rigoureuse du mot, comme leurs attributions n'ont rien de déterminé ; et il doit en être ainsi.

Elles n'existent que par le concours libre de leurs membres et par le zèle de ceux qui les dirigent.

Toucher à leur indépendance serait risquer de les dissoudre.

Chercher à influencer leur action serait les paralyser.

Leur imposer une organisation uniforme serait les désorganiser.

Or, il arrivera que les tableaux de statistique agricole parviendront au Président d'une association (après une de ses réunions générales, et seront renvoyés nécessairement à la séance suivante qui ne se tiendra que trois mois, peut-être six mois plus tard.

Comment pourront-ils être remplis et transmis en temps utile à l'administration ?

Mais nous passerons encore sur ces difficultés, et nous supposerons l'Association saisie de ce travail en temps utile.

Quels sont pour elle les moyens de l'exécuter ?

Nous déclarons ne lui en connaître aucun, quoique nous ayons depuis dix ans l'honneur de présider une de ces associations, ou plutôt parce qu'il y a dix ans que nous la présidons. Nous recevons chaque année les tableaux de l'administration, nous les soumettons chaque année à cette assemblée, et nous reconnaissons chaque année avec elle l'impossibilité de les remplir ; nous osons donc affirmer, sans crainte d'être démenti, qu'il faut à tout prix adopter une meilleure manière d'opérer.

Voyons, en effet, comment les choses se passent :

40 à 50 membres dans les sociétés ou comices qui marchent le mieux ; 15 ou 20 dans les autres, assistent aux séances de ces associations. Ces membres, dont plusieurs même ne sont pas agriculteurs pratiques, doivent déclarer séance tenante et sans désemparer :

1° Les quantités de terre ensemencées en chaque espèce de produits sur toute l'étendue du territoire de l'arrondissement ou du canton ;

2° Les réserves qui existent dans tous les greniers ou magasins de l'arrondissement ou du canton ;

3° Les résultats de la récolte totale par nature de produits dans tout l'arrondissement ou le canton ;

4° Le chiffre des existences animales dans tout l'arrondissement ou le canton.

En vérité nous demanderons si, à moins d'être doué d'une intuition surnaturelle, il est matériellement possible aux 20 ou 30 personnes accidentellement réunies de répondre un peu sérieusement, avec les moyens d'investigations dont ils disposent, à de semblables questions présentées de la sorte.

Il est arrivé à la Société d'agriculture que nous présidons de recevoir le 20 septembre des tableaux qui devaient être renvoyés à l'administration le 25 du même mois. Cinq jours lui étaient donnés pour un travail complet de statistique agricole comprenant un arrondissement tout entier, travail qui,

1 Celle de Compiègne.

pour être bien fait, n'aurait pas assurément demandé moins d'une année.

Ajoutons qu'on devait faire connaître à la même époque le résultat de la récolte des pommes de terre, qui n'a lieu communément qu'un mois plus tard, vers la fin d'octobre.

La Société, plutôt que de consentir à égarer l'administration en lui fournissant des notions erronées, et de se rendre complice d'inexactitudes dont les conséquences pouvaient être si graves, a préféré lui déclarer nettement son impuissance, et lui signaler avec sincérité les vices de ce mode dérisoire d'enquête.

Telle est pourtant la manière dont celle-ci opère encore chaque année.

Que peut-elle en obtenir? Rien, encore une fois.

Les tableaux qui lui sont renvoyés par les Maires et les Associations présentent les évaluations et les données les plus arbitraires. Le plus souvent ils lui reviennent intacts, et c'est au fond des bureaux de la préfecture, qu'un employé, illuminé sans doute par une révélation miraculeuse, inscrit dans chacune des colonnes de ce tableau les chiffres sacramentels à l'aide desquels l'administration dresse tous les ans ses statistiques agricoles officielles.

Est-il étonnant qu'elles inspirent tant de confiance ? [1]

On a proposé, dans le sein du dernier congrès central, d'instituer dans tous les départements des agents spéciaux

---

[1] M. le ministre de l'agriculture et du commerce a été frappé de l'imperfection des statistiques agricoles, et nous lisons dans sa circulaire aux préfets du 10 juillet dernier : « Je me propose d'appeler prochainement votre attention sur les moyens d'améliorer l'économie de ce travail. »

salariés, chargés de dresser la statistique agricole du pays ; mais on n'a pas indiqué comment ces fonctionnaires pourraient opérer pour recueillir des renseignements et présenter des chiffres positifs[1]. C'était pourtant le point essentiel. On ne l'a pas fait, parce qu'il est plus facile de trancher une question avec une formule générale, que d'aller au fond de cette question, et d'en sonder toutes les difficultés pour essayer ensuite de les résoudre.

Supposons pour un moment ces fonctionnaires institués. Où puiseront–ils leurs renseignements ? Auprès des Maires ? Au sein des Associations agricoles ? C'est tourner toujours dans le même cercle.

Auront-ils sous leurs ordres des agents inférieurs ? Où fonctionneront ces agents ? Dans des bureaux ? Ils n'arriveront à rien. Dans les communes ? Il y en a 36,819 ; de sorte que, en comptant un de ces employés par 10 communes, ce qui assurément ne paraîtra pas exagéré, il en faudra 3,682, auxquels il conviendra d'ajouter l'état-major, chef, sous-chef, inspecteurs, ainsi que le personnel des bureaux, ce qui élevera bien ce corps nouveau de fonctionnaires au chiffre rond de 4,000. Son entretien paraîtra peut-être un peu lourd aux contribuables, qui pourront penser, avec M. de Cormenin, que la France devient de plus en plus une *fonctionnocratie,* « mot qui, ajoute le spirituel écrivain, vaut la chose. »

Et puis sous quel contrôle, sous quelle responsabilité opéreront ces agents inférieurs ? Qui garantira l'exac-

---

[1] Cette proposition faite par la commission *de statistique* a été repoussée par l'assemblée.

titude de leur travail? Etrangers aux populations auxquelles
ils voudront faire sentir leur importance, ils exciteront
certainement leur défiance, et ne paraîtront à leurs yeux
que des instruments de fiscalité.

Reconnaissons donc que la création de ces fonctionnaires
nouveaux entraînerait une très grosse dépense en donnant,
selon toute apparence, de fort minces résultats, et cher-
chons s'il n'y aurait pas moyen d'adopter un système qui
ne coûterait rien au pays, tout en produisant d'excellents
effets.

EXPOSÉ DU SYSTÈME.

Nous avons dit que les questions posées par le Gouvernement devaient être claires, précises, peu nombreuses,
présentées aux mêmes époques sur un plan uniforme et
portant tous les ans sur les mêmes points.

Elles seront soumises à des hommes spéciaux que leur
position et leurs habitudes mettront en état d'y répondre
et qui auront un intérêt à le faire; on verra plus loin quel
sera cet intérêt; enfin en cas de négligence ou de mauvais
vouloir, on s'assurera de garanties certaines que nous indiquerons tout à l'heure, pour l'exécution de ce travail.

Où ces hommes spéciaux doivent-ils être pris?

Le doute ne nous paraît pas possible : *au sein des communes rurales*, au cœur même de la population agricole.

Où exécuteront-ils leur travail?

Dans ces mêmes communes et sur le terrain.

Choisissez qui vous voudrez pour conduire ces travaux, que ce soit des Sociétés ou des Comices, des Maires ou des Fonctionnaires salariés, il faudra toujours, si l'on veut faire quelque chose de sérieux, prendre son point de départ dans la *commune*.

Voyons maintenant comment il sera possible d'y opérer et d'y surmonter cette force de résistance jusqu'ici presque invincible, que l'inertie ou l'incapacité y opposent sans cesse aux vues les plus utiles.

Et d'abord, le travail de statistique doit être fait, non par le Maire, mais seulement sous sa surveillance, sans que cette surveillance devienne une condition indispensable de son exécution.

Les agents de statistique devront remplir, à deux époques déterminées de l'année, deux tableaux imprimés dont les modèles A et B donneront l'idée [1].

Nous prions le lecteur de jeter les yeux sur ces tableaux et de supposer pour un instant qu'ils sont exactement remplis dans toutes les communes; ne possédera-t-on pas alors un inventaire exact des richesses alimentaires du pays, et le Gouvernement ne sera-t-il pas parfaitement en mesure à la fois d'apprécier sa situation présente, et de pourvoir aux nécessités de l'avenir?

Est-il impossible d'obtenir ces tableaux? là est toute la question.

Si cela n'est pas possible, la France doit se résigner à

[1] Voir ces tableaux à la fin de ce travail.

subir patiemment toutes les crises à venir qui peuvent compromettre son bien-être et peut-être même son existence, comme les Turcs se soumettent à la peste qui les décime tous les ans.

Quant à nous, bien loin de croire que notre pays soit à jamais privé des moyens de connaître ses propres affaires, nous sommes profondément convaincu qu'il lui suffira de le vouloir pour y parvenir.

Qu'il nous soit permis, pour justifier cette conviction, de rendre compte de l'expérience personnelle, très décisive selon nous, que nous avons faite de notre système dans deux communes différentes, où les capacités ne sont ni plus nombreuses, ni plus transcendantes que dans toutes les autres; d'abord dans celle que nous habitons, petite commune de moins de 300 âmes, puis dans une commune voisine qui en compte 700.

La première présentant :

Territoire.	Terres en culture.	Nombres des parcelles.
702 hect.	647 hect.	1279.
La seconde 757.	523.	2788.

Nous n'avons pas voulu recueillir nous-même les renseignements indiqués au tableau A, et réclamés par l'administration, dans la crainte (l'aveu est peu modeste) d'être suspecté d'une *trop haute capacité*.

Nous en avons donc chargé deux Membres du Conseil municipal fort peu lettrés l'un et l'autre.

Le résultat a été tel, qu'il nous paraît résoudre complètement la question, car nous ne voyons pas pourquoi il ne pourrait être obtenu de même dans toutes les autres communes.

La manière dont ces deux hommes ont opéré est si parfaitement simple, que nous osons à peine l'exposer. Cette simplicité est-elle un défaut? Nous pensons plutôt que c'est une grande qualité quand on a besoin du concours des habitants de la campagne; or, comme notre méthode a répondu pleinement au but que nous nous proposions, en nous mettant en mesure de satisfaire avec précision aux questions de l'administration, nous allons la rapporter naïvement, dussions-nous exciter le sourire des savants inventeurs de systèmes et des profonds organisateurs de cabinet, qui estiment qu'une machine a d'autant plus de mérite que la multiplicité de ses rouages lui laisse moins de chances de recevoir le mouvement.

Les deux Conseillers municipaux se sont rendus, accompagnés du garde-champêtre, et munis du cadre que nous leur avions donné à remplir, chez tous les propriétaires-cultivateurs ou fermiers de la commune, et là, d'après les déclarations de ces derniers, contrôlées et complétées, soit par les observations du garde-champêtre, qui connaît la position et à peu près la contenance des parcelles, soit par l'examen de l'état de sections, soit enfin en se transportant au besoin sur le terrain, ils sont parvenus aisément à remplir toutes les colonnes du tableau A.

On a vu que le territoire de la commune est étendu et que le morcellement y est considérable; cependant le travail de ces trois hommes réunis n'a pas pris une journée.

Aucun des nombreux cultivateurs, propriétaires ou fermiers interrogés, n'a cru avoir intérêt à cacher la vérité, qui, d'ailleurs, eût été obtenue facilement, en cas de refus de leur part, soit en consultant les voisins, soit en visitant les parcelles elles-mêmes, soit en vérifiant leur position sur le

plan de la commune et leur contenance sur l'état de sections
et la matrice cadastrale.

Le brouillon sur lequel ces deux agents ont recueilli
leurs renseignements pourrait être remplacé par de petits
tableaux imprimés dont nous donnons le modèle, et qui
faciliteraient beaucoup leur travail [1].

Ce travail terminé, les deux Conseillers se sont rendus
chez le greffier de la Mairie, qui a converti en mesures
légales les nombres recueillis en mesures locales chez chacun des cultivateurs, et, après avoir réuni et totalisé ces
nombres, a dressé à l'aide de ces indications le tableau que
nous présentons à la page suivante.

[1] Voir le tableau C à la dernière page.

NATURE ET PROPORTION

des différentes cultures.

DÉSIGNATION des produits.	Quantités de semence par hectare.	SURFACES ensemencées.	TOTAL par nature de culture.	OBSERVATIONS.
	Litres.	hect. ares centia.	hect. ares centia.	
1° Céréales. { Froment.	285	212 21 22	332 51 31	
Seigle.	254			
Orge.	285	120 30 09		
Avoine.	225			Le nombre d'hec-
	grammes.			tares ensemencés
2° Racines. { Carottes.	1 500			en pommes de terre
	litres			est inférieur d'un
Pommes de terre	1 412	25 55 06	25 55 06	dixième environ à
Betteraves.	» »			celui des années pré-
3° Plantes oléagineuses.	» »	3 54 87	3 54 87	cédentes.
4° Plantes textiles.	» »	» »	» »	
5° Plantes fourragères. { Sainfoin.	425	117 10 71	117 10 71	
	grammes			
Trèfle.	14 112			
Luzerne.	16 950			
6° Plantes jardinières.	» »	8 36 25	8 36 25	
7° Terres en jachère.	» »	163 24 02	163 24 02	
Total égal, à une faible différence[1], à la contenance des terres en culture.			650 52 22	

[1] Cette différence en plus s'explique par la mise en culture depuis la formation du cadastre de quelques landes communales.

Comparant les résultats de ce tableau à ceux de la matrice cadastrale, nous avons constaté qu'il y avait entre les deux une différence insignifiante.

La même marche a été suivie dans la commune voisine, et le succès y a été le même.

Il n'est pas douteux qu'en consacrant un peu plus de soins et de temps à ce travail que nous savions ne devoir amener, cette année, aucun résultat possible, nous n'ayons atteint, dans nos renseignements, une précision beaucoup plus rigoureuse encore.

Tel est le mode bien simple, nous le répétons, que nous avons employé et qui nous a réussi.

Nous proposons de l'adopter comme le plus pratique.

Nous demandons seulement qu'on régularise les fonctions des agents chargés de la statistique agricole, et que, pour donner plus d'importance et de considération à ces fonctions, on les fasse émaner de l'élection. Ainsi ce seraient les Conseillers municipaux qui désigneraient, au scrutin, ceux qui auraient à les remplir, selon des formes et dans les rapports avec la population que nous indiquerons plus loin.

On verra tout à l'heure que ce mode de nomination aurait encore un autre but.

Ces agents devront être constitués en *comités de statistique qui opéreront dans le sein même des communes, et autant que possible sur le terrain.*

Nous avons indiqué comment il nous a été possible d'obtenir le document le plus important, celui dont la recherche paraissait environnée des plus grandes difficultés.

On comprend que ce premier pas franchi, les autres le seront sans peine.

Mais comment s'assurer qu'il le sera toujours, qu'il le

sera partout ? Que toutes les communes rempliront exactement leurs tableaux, et les transmettront en temps utile à
l'administration ?

En rendant les Communes responsables de l'inexécution
des mesures prescrites, et en donnant aux Préfets le pouvoir
de les faire exécuter d'office et à leurs frais, en cas de négli-
gence.

Nous ne parviendrons jamais, soyons-en sûrs, à recueillir
en France les éléments d'une bonne statistique agricole, si
nous n'appuyons ce travail de moyens de coercition capables d'en garantir l'exécution.

Ce principe est mis déjà en vigueur pour l'entretien des
chemins vicinaux par la loi du 21 mai 1836, et pour la po-
lice des cours d'eau non navigables par les réglements d'administration publique auxquels plusieurs d'entre eux sont
soumis.

Nous avons indiqué comment on procéderait pour remplir le premier tableau.

Quant au second, la tâche ne serait pas plus difficile.

En ce qui concerne d'abord les existences animales[1], on
sait que les statistiques, sur lesquelles on fonde pourtant
tous les jours tant de calculs et de raisonnements, sont complètement erronées. Les chiffres en sont arbitraires, et
l'on n'a pas pu jusqu'à ce jour comparer un peu exactement ceux du commencement et de la fin d'une période
quinquennale ou décennale, ce qui serait pourtant d'un si
haut intérêt ; il est évident que ce renseignement s'obtien-
drait aisément par les moyens que nous proposons. Il

[1] Voir le tableau B.

sera aussi facile aux habitants du pays, à des voisins ou à des parents, de se le procurer sans exciter les défiances qui environnent toujours des étrangers, qu'il leur est facile de dénombrer chaque année les animaux de somme ou de trait portés au rôle de prestations en nature, pour la réparation des chemins vicinaux.

A l'égard des réserves en magasins indiquées au tableau B (8ᵉ colonne), peut-être quelques cultivateurs répugneront-ils d'abord à les faire connaître exactement ; mais ce sera le petit nombre, et l'inexactitude de leurs déclarations ne pourra pas présenter de grands dangers ; elles seront toujours au-dessous, jamais au-dessus de la vérité, car les producteurs agricoles ont plus de pente en général à atténuer qu'à exagérer leur prospérité.

En supposant donc que, dans la circonstance qui nous occupe, ils la dissimulent en partie, les ressources alimentaires, loin d'en être compromises, s'accroîtront, au contraire, de toutes les quantités qui auront échappé au calcul.

D'ailleurs, cette dissimulation cessera d'avoir lieu aussitôt que les cultivateurs seront bien convaincus que ce n'es point un esprit d'inquisition ou de fiscalité qui dicte ces mesures, mais le grand intérêt de l'alimentation du peuple et de la sécurité publique.

Dans tous les cas, ce seront là des exceptions qui n'influeront pas d'une manière sensible sur les résultats généraux.

Nous avons rapporté fidèlement ce qui s'est fait dans deux communes de France, l'une importante en territoire et faible en population, c'est-à-dire réunissant deux conditions difficiles de succès ; l'autre offrant une population et un territoire au-dessus de la moyenne[1]. Nous pensons que cela peut se faire aussi aisément dans toutes les autres, et nous réclamons en conséquence l'application des dispositions suivantes, qui sont la base de tout notre système :

MESURES PROPOSÉES.

Comités de statistique agricole.

Un comité de statistique agricole sera formé dans chaque commune.

Il sera chargé de remplir, à l'aide de renseignements puisés aux sources les plus certaines et vérifiées sur le terrain même, les tableaux dressés par l'administration à l'effet de constater le chiffre exact des ressources alimentaires du pays.

Les Membres de ce comité seront nommés chaque année au scrutin par le Conseil municipal.

Il sera composé de :

Trois Membres pour les communes de 300 habitants et au-dessous ;

La surface cultivable étant en France de 20 millions d'hectares, et le nombre des communes de 36,819, la moyenne par commune est de 543 hectares.

Quatre pour celles de 300 à 500 habitants ;

Cinq pour celles de 500 à 800 ;

Six pour celles de 800 et au-dessus.

Le greffier de la Mairie sera adjoint au comité.

Le garde-champêtre l'assistera dans ses opérations.

Le Maire pourra toujours le présider et prendre part à ses travaux.

Les tableaux que le comité recevra de l'administration supérieure, et qu'il aura à remplir, devront être renvoyés au Préfet :

Le premier, avant le 15 mai.

Le second, avant le 15 octobre.

A défaut par les communes de les dresser pour les époques prescrites, il y sera pourvu par le Préfet, qui fera exécuter ce travail d'office et à leurs frais.

Mais par qui, dira-t-on, tous ces tableaux seront-ils réunis, classés, mis en ordre ?

Par les Préfets ? Si l'on considère le nombre toujours croissant d'affaires dont ces administrateurs sont accablés, et surtout la nécessité d'étudier ces tableaux avec les connaissances spéciales des intérêts agricoles, on reconnaîtra que ce second travail ne saurait être exécuté convenablement par eux.

On proposera peut-être de le confier aux Conseils généraux, mais la réunion de ces conseils a lieu à une époque où les renseignements ne peuvent encore être recueillis.

Leur session suffit à peine à la multitude d'affaires qu'ils ont à régler.

Enfin leurs Membres, il faut bien le reconnaître, ne sont pas toujours parfaitement compétents pour ce qui se rapporte aux intérêts spéciaux de l'agriculture, et ils n'ont même point la prétention de l'être.

On se souvient qu'interrogés par M. le Ministre de l'agriculture et du commerce sur les questions agricoles de la plus haute importance, telles que celles

De la multiplication des bestiaux ;

De l'établissement des comices ;

De l'instruction agricole[1] ;

Du reboisement des montagnes[2] ;

De la mitoyenneté des fossés ;

De l'organisation des associations agricoles ;

De l'amélioration des races d'animaux domestiques ;

De l'extension des prairies naturelles et artificielles[3].

Ces Conseils n'ont pas répondu, soit qu'ils aient reconnu que les notions spéciales leur manquaient, soit que la *brièveté de leurs sessions* ne leur en ait pas laissé les moyens[4].

Ces corps viennent d'être consultés, cette année, par M. le Ministre de l'agriculture et du commerce, sur les résultats de

---

[1] Circulaire du 21 juillet **1838**.

[2] Circulaire du 22 février **1841**.

[3] Circulaire de septembre **1842**.

[4] Voir les comptes-rendus de leurs sessions de **1838** à **1844**.

la dernière récolte ; ils ont pu reconnaître que tous les éléments d'une investigation sérieuse leur manquaient, et que ce serait une bien grande imprudence au Ministre de prendre les renseignements incomplets qu'ils ont pu lui fournir pour base de mesures destinées à assurer l'alimentation de la France. Ces renseignements reposent bien plus, en effet, sur une appréciation morale, par conséquent arbitraire, que sur des chiffres exacts résultant d'une enquête approfondie, et les conseils, mis en demeure de répondre immédiatement, ont été forcés de choisir entre trois méthodes jugées par l'expérience également vicieuses en matière de statistique :

Celle de l'évaluation en masse, mise en pratique jusqu'à Louis XIV;

Celle d'induction employée par Vauban, et qui consiste à déduire la quantité totale de la production du pays de celle d'une minime étendue;

Enfin, celle des moyennes qui appartient à Chaptal, et par laquelle on établit le rendement de toutes les communes du royaume, d'après la moyenne du rendement d'un nombre plus ou moins grand de communes étudiées avec soin.

Les Conseils généraux, n'ont donc pu arriver à rien de rigoureusement vrai.

Reconnaissons que les assemblées chargées de dresser, chaque année, dans les chefs-lieux de département, la statistique agricole départementale, doivent être composées d'hommes spéciaux, d'économistes agricoles, d'agronomes et de praticiens versés à la fois dans l'étude des intérêts du sol et dans la connaissance des habitudes culturales du pays.

C'est dire assez que ce travail ne peut être confié qu'à

ces *chambres d'agriculture* réclamées avec tant de persistance depuis dix ans par la France agricole, reconnues utiles par un Ministre du Roi[1], sollicitées enfin tous les ans avec une insistance croissante par le congrès central, c'est-à-dire par les représentants directs de l'agriculture et par l'élite des agronomes et des praticiens du pays.

Mais sur quelles bases ces chambres peuvent-elles être organisées?

Nous allons essayer de l'indiquer.

COMPOSITION DES CHAMBRES D'AGRICULTURE.

Le mode d'organisation de ces chambres, devant lequel on s'est si souvent arrêté comme présentant une difficulté dont on semblait avoir peur, trouverait une solution facile et exempte de tout péril dans le système que nous proposons.

Les conditions exigées ne sont-elles pas:

1° Qu'elles émanent de l'élection, selon le vœu renouvelé chaque année par le congrès central ;

---

1 M. Martin (du Nord). « La création des chambres consultatives d'agri-« culture, a dit ce ministre, sera un immense avantage. Ce sera une sorte de « hiérarchie qui nous paraît devoir obtenir les meilleurs résultats dans « l'intérêt de notre agriculture, et seconder puissamment l'élan qui est déjà « donné. » 28 juin 1847.

Voir aussi sa circulaire du 26 juillet de la même année.

2° Qu'elles soient la représentation réelle et *spéciale* des intérêts agricoles ;

3° Qu'elles n'offrent aucun caractère politique ;

4° Qu'elles prennent leur source dans *la commune même,* seul point de départ vraiment agricole.

Notre projet nous semble répondre complètement à toutes ces conditions.

Les conseils municipaux sont le produit de l'élection.

Les comités communaux de statistique, nommés à leur tour au scrutin, dans le sein des conseils municipaux, seront par conséquent le produit de l'élection au deuxième degré.

Ces comités, pris ainsi au cœur même de la population rurale, renfermeront évidemment au plus haut point l'élément agricole.

Enfin, on ne peut, avec la meilleure volonté du monde, y trouver même le germe d'une action politique.

Ils réunissent donc toutes les garanties exigées pour la constitution du corps électoral chargé de la nomination des membres des chambres d'agriculture.

Appelez aux chefs-lieux du canton les membres des comités, dont le nombre, on l'a vu, est proportionné à la population de chaque commune ; qu'ils y exercent les droits électoraux dont vous les aurez investis, et vous obtiendrez des chambres d'agriculture réunissant ces deux conditions essentielles :

De présenter un caractère exclusivement agricole ;

D'émaner du principe de l'élection.

Le comité communal est donc la clé de voûte du système ; il donne la solution du problème, et le mode à la fois le plus simple et le plus pratique :

Pour l'établisement annuel de la statistique des ressources alimentaires et des richesses agricoles du pays[1];

Pour la formation des chambres d'agriculture.

Il y a entre ces deux choses un lien si étroit, un enchaînement si marqué, qu'elles ne sauraient, selon nous, être séparées, ni exister l'une sans l'autre.

Nous avons dit plus haut que les agents chargés dans les communes de la formation des tableaux statistiques, seront excités par leur intérêt même à remplir ces fonctions, bien qu'elles soient gratuites.

Cet intérêt sera :

L'honneur toujours envié de devenir l'objet des suffrages de ses concitoyens ;

La considération qui s'attache à des droits dont les populations sentent tous les jours davantage la valeur.

ATTRIBUTIONS DES CHAMBRES D'AGRICULTURE.

Les chambres d'agriculture, réunies tous les ans aux chefs-lieux de départements, seront chargées de rassembler et de coordonner les tableaux remplis par les comités commu-

---

1 On pourrait charger, en outre, ces comités d'autres opérations de statistique, telles par exemple, que celle du recensement de la population qui ne se renouvelle que tous les cinq ans.

naux, de recueillir les documents fournis, en outre, soit par les Sociétés et Comices agricoles, soit par des agronomes et des cultivateurs, et de dresser, à l'aide de ces matériaux, la statistique agricole du département.

Elles accompagneront cette statistique de leur opinion raisonnée sur les points d'économie publique ou agricole qui se rattachent à la question des subsistances, et sur les mesures que le Gouvernement pourrait prendre pour assurer l'alimentation d'une manière régulière, et prévenir les crises semblables à celle que nous venons de traverser.

Ce seront là les plus importantes attributions de ces chambres; toutefois, elles pourront être consultées par le Gouvernement sur tous les points d'administration publique, réformes et améliorations qui intéressent l'agriculture.

Enfin, les questions d'économie générale de quelque nature qu'elles soient, qui se rattachent à la production du sol, entreront nécessairement dans le domaine de leurs discussions, et les vœux qu'elles émettront sur ces questions seront transmis tous les ans au Gouvernement.

Telles seraient les attributions des chambres d'agriculture, qui auraient une analogie évidente avec celles des chambres du commerce et des manufactures déjà instituées[1], et tel

---

1 Attributions des chambres consultatives des manufactures, créées par l'arrêté du 22 germinal an XI :

« Elles feront connaître au ministre les besoins et les moyens d'amélioration des fabriques, arts et métiers. »

Attributions des chambres du commerce, créées par l'arrêté consulaire du 3 nivose an XI:

« Les chambres du commerce ont pour attributions de donner au Gouvernement les avis et les renseignements qui leur sont demandés de sa

serait l'ensemble du système que nous avons essayé d'exposer, persuadé qu'il donnerait enfin au Gouvernement les
moyens de puiser à des sources certaines, et de pourvoir en
toutes circonstances aux exigences alimentaires du pays.

Chacun des membres des chambres d'agriculture pourrait
remplir, dans son canton, des fonctions importantes de
contrôle, d'inspection et de surveillance à l'égard des
comités communaux ; il vérifierait si le travail de ceux-
ci est exécuté avec l'exactitude et les soins convenables, et
s'il donne lieu, tous les ans, à de nouvelles et sérieuses recherches.

DE L'ACTION QUE DEVRA EXERCER LE MINISTRE DE L'AGRICULTURE ET DU COMMERCE.

Le tableau statistique de chaque département, dressé tous
les ans par la chambre d'agriculture à l'aide des documents
fournis par les communes, sera transmis, avant le 1er novembre, au Ministre de l'agriculture et du commerce, qui, en
cas d'insuffisance constatée dans les moyens d'alimentation,

à part, sur les faits et les intérêts industriels et commerciaux ; *de présenter*
« *leurs vues sur l'état de l'industrie et du commerce, et sur les moyens d'en*
« *accroître la prospérité : sur les améliorations à introduire dans toutes les*
« *branches de la législation commerciale, y compris les tarifs à la douane.*

prendra immédiatement les mesures les plus propres à combler le déficit.

Le temps nécessaire au commerce pour faire des achats de blés auprès des négociants étrangers[1], et pour les recevoir, est communément :

Pour Odessa	de 52 jours.
— Les États-Unis	42 —
— Les ports de la Baltique . .	20 —

Le Ministre de l'agriculture et du commerce aura pu faire, avant le 10 novembre de chaque année, le dépouillement des 86 tableaux de département, puisque ce dépouillement ne consistera guères qu'en une simple addition, et il possédera avec une exactitude aussi rigoureuse que possible le chiffre de la richesse alimentaire de la France et celui de son déficit.

Il sera par conséquent en mesure de faire connaître ce déficit au commerce, qui, à son tour, se mettra en mesure de le combler ; il lui dira par exemple : « Il manque six millions d'hectolitres de grains à l'approvisionnement de la France jusqu'à la prochaine récolte ; avisez sans retard aux moyens de les lui procurer. »

Ici se présente, nous le savons, une sérieuse objection :

Il sera, dira-t-on, bien tard au 10 novembre, époque où l'on connaîtra le produit exact de la récolte, pour recourir à l'importation ; car la Baltique, les lacs américains et les fleuves qui apportent à Odessa les blés de la Russie méridionale, seront gelés avant que nos navires puissent y parvenir,

---

1 Les demandes se font par les bateaux à vapeur.

4

et les transports se trouveront ainsi ajournés forcément jusqu'au printemps; la France, arrivant alors sur les marchés étrangers après les autres peuples, aura à subir toutes les chances de cherté qui résultent de la concurrence.

Nous répondrons d'abord que ces inconvénients ne sont pas particuliers à notre pays, et nous essaierons de démontrer qu'ils ne s'opposent point à l'adoption de nos idées.

Nul peuple ne pourra jamais connaître avec précision, avant la récolte, sa situation alimentaire, et fixer d'avance le chiffre exact de ses importations; mais tous continueront, comme par le passé, à opérer par voie d'induction jusqu'au battage de leurs grains. Lorsque le printemps est défavorable, il faut immédiatement préparer l'importation, car si l'été donne la qualité et le poids, c'est le printemps qui donne la quantité.

Le commerce recueille déjà tous les ans avec avidité les renseignements qui parviennent dans le courant de l'été au *bureau des subsistances* établi au ministère de l'intérieur, et c'est à l'aide de ces renseignements que, depuis 1818, il a pu calculer avec assez d'exactitude les déficits et les excédants de produits en céréales, pour régler les importations et les exportations. Ses erreurs, dans les années ordinaires, n'ont d'autres effets que de rendre ses opérations plus ou moins fructueuses, et d'influer sur les cours intérieurs en hausse ou en baisse; mais dans une année de disette, ces méprises ont de bien autres conséquences, puisqu'elles peuvent compromettre l'existence même des populations.

Il est donc indispensable, dans ce cas, de pouvoir évaluer d'une manière certaine le *déficit réel*.

Suffira-t-il que ce déficit soit connu *avec précision* au commencement de novembre?

Nous le pensons.

Voici, en effet, comment les choses se passeront :

Le commerce fera, dans l'été, sur les indications du bureau des subsistances et d'après ses évaluations morales, de premiers achats de grains dont le transport pourra très bien s'effectuer avant l'hiver.

Nous supposons que, dans le cas d'un déficit total de six millions d'hectolitres de froment, cette première importation s'élève seulement à un million d'hectolitres ; aussitôt qu'au mois de novembre, le ministre aura fait connaître ce chiffre de six millions qui constitue le déficit total, *l'achat* des cinq millions restants pourra avoir lieu, bien que le *transport* en soit ajourné au printemps ; d'ici là, l'introduction du premier million d'hectolitres et la certitude de l'importation des cinq autres après l'hiver, en prévenant ces paniques qui produisent l'élévation subite et désordonnée des cours, provoqueront l'écoulement régulier des grains sur les marchés et modéreront par conséquent les prix.

On peut dire qu'alors le mal sera prévenu ; car c'est pendant les trois mois qui précèdent la récolte que les souffrances des classes pauvres sont les plus vives dans les années de cherté, et c'est précisément pendant ces mois que les importations s'effectueront avec le plus d'abondance et de régularité.

L'action du Gouvernement aura donc pour but :

De faciliter et de hâter le transport des grains étrangers ;

D'en assurer la rapide répartition entre les consommateurs.

1° *Il facilitera les importations :*

En assurant la liberté la plus complète des opérations

commerciales sur les céréales, tout en réprimant avec fer-
meté l'agiotage qui en est l'abus ;

En abaissant ou supprimant même, temporairement, les
droits à la douane sur les denrées alimentaires venant de
l'étranger ;

En établissant dans la Méditerranée, l'Océan et la Mer du
Nord, ainsi qu'il l'a fait cette année, mais en s'y prenant
plus tôt, des stations de bateaux à vapeur remorqueurs de
la marine royale, pour hâter le retour des bâtiments de
commerce retardés par les vents contraires.

Turgot, dans ses admirables lettres à l'abbé Terray, démontre de la manière la plus évidente :

Que le Gouvernement ne doit se charger du commerce des grains ni à l'intérieur ni à l'extérieur ;

Que ce commerce doit être protégé et libre dans les
années de disette ;

Qu'il peut seul porter remède à cette disette.

« Quelque mesure qu'on prenne, dit-il, il n'y a qu'un
« moyen d'empêcher le peuple de mourir de faim dans les
« années stériles, c'est de porter le grain là où il n'y en a
« pas, et pour cela il faut le prendre là où il y en a ; c'est ce
« que fait le commerce, et ce que le commerce parfaitement
« libre peut seul faire au plus bas prix, ce que tout autre
« moyen que le commerce libre ne fera point ou fera mal,
« fera tard ou fera chèrement[1] »

C'est à la sage liberté accordée à la circulation des grains
que l'agriculture a dû sa prospérité sous l'administration de
Sully.

[1] Turgot, 7e lettre à l'abbé Terray.
« La liberté du commerce, dit Smith, atténue seule les disettes. »

Les entraves apportées à cette circulation, même de province à province, et à l'exportation au dehors, l'ont au contraire ruinée sous Colbert[1].

Le premier avait entretenu le royaume dans l'abondance; jamais la condition des habitants des campagnes ne fut aussi misérable que sous l'administration du second et sous celle de ses successeurs.

« Il est ordinaire, dit Boisguillebert[2], de voir des paroisses « où il y avait autrefois 1,000 à 1,200 bêtes à laine, n'en « avoir plus que le quart présentement; ce qui oblige d'a- « bandonner une partie des terres, dont les fonds ne sont « pas très bons naturellement, parce que, quand il y a besoin « d'améliorations, on ne peut ou *on n'oserait* les y faire. »

C'était là les tristes et inévitables fruits des fausses mesures économiques alors en vigueur, et des impôts écrasants qui, sous les noms de taille, de capitation, de dixième, de gabelle, aides, traites, etc., pesaient sur la production agricole.

« Les choses sont réduites à un tel état, dit à son tour « Vauban, que le laboureur qui pourrait avoir une ou deux « vaches et quelques moutons ou brebis, avec quoi il pour- « rait améliorer sa ferme ou sa terre, est obligé de s'en « priver pour n'être pas accablé par la taille l'année suivante,

---

[1] Depuis Charlemagne jusqu'à la fin du règne Charles V, c'est-à-dire pendant près de 500 ans, l'exportation des grains avait été de droit commun. Interdite plus tard, elle fut autorisée par un édit de François Ier, du 20 juin 1537, et protégée spécialement par Sully, qui, par l'ordonnance de 1599, consacra la liberté du commerce des grains.

(Vauban, Dîme royale.)

[2] Lieutenant-général au bailliage de Rouen en 1697, auteur du *Détail de la France*, économiste précurseur de Quesnay et de Smith.

« comme il ne manquerait pas de l'être s'il gagnait quelque
« chose, et qu'on vît sa récolte un peu plus abondante qu'à
« l'ordinaire. C'est pour cela qu'il vit très pauvrement, va
« presque tout nu, et laisse dépérir sa terre, de peur que si
« elle rendait ce qu'elle pourrait rendre étant bien fumée et
« bien cultivée, on n'en prît occasion de l'imposer double-
« ment à la taille. »

Cet état de choses se prolongea jusqu'à la révolution.
Rousseau raconte les terreurs d'un paysan chez lequel il en-
tra en 1732, pour demander un frugal repas, et les pré-
cautions dont s'entourait celui-ci pour cacher sa modeste
aisance à tous les yeux. « Ce ne fut, dit-il, qu'après être
« bien assuré que son visiteur n'était point entré chez lui
« pour le vendre, et avoir jugé de la vérité de son histoire
« par celle de son appétit, qu'il lui avoua la nécessité où il
« était de cacher son vin à cause des aides, son pain à
« cause de la taille ; parce qu'il serait un homme perdu si
« l'on pouvait se douter qu'il ne mourût pas de faim[1].»

Mais le triste récit des violences, des exactions et de la ra-
pacité des collecteurs et des commis dans certaines inten-
dances, dénoncées au Roi par la cour des aides dans ses
remontrances, dépasse de beaucoup tout ce qui précède.

Ce sont des villages entiers livrés au pillage par ces con-
cussionnaires avides, et leurs malheureux habitants dépouil-
lés de leurs récoltes, de leurs meubles, et des portes même
de leurs pauvres chaumières, pour s'être vus dans l'impossibilité de payer des taxes qu'ils ne devaient pas[2].

---

[1] Confessions.

[2] Remontrances de la cour des aides, présidée par Lamoignon de
Malsherbes, à Louis XV.

Colbert, qui a élevé notre industrie et notre marine à un si haut degré de prospérité et de gloire, était imbu des doctrines économiques les plus erronées ; il ne cessa d'entraver la circulation des grains et de tracasser ceux qui en faisaient le commerce, sans s'apercevoir que ses préjugés en matière de subsistance étaient la source de tous ses embarras.

Par un arrêt du parlement de 1661, il fut défendu aux marchands de contracter aucune société pour le commerce du blé, et de faire aucun amas de grains, tandis qu'il fallait encourager ce commerce par tous les moyens possibles. C'est à cette fausse mesure et à d'autres semblables que l'on dut la rigueur de l'affreuse disette de l'année suivante (1662).

La mobilité continuelle de la législation qu'adopta ce ministre fit un mal immense à l'agriculture, et découragea complètement le cultivateur[1].

Quand il fut mort, la misère augmentant sans cesse, ses successeurs crurent y remédier en défendant à leur tour le commerce de grains de province à province.

L'abbé Terray, contrôleur général, interdit de nouveau en 1770 l'exportation des grains, et c'est alors que Turgot lui écrivit ces lettres immortelles si pleines de vues profondes et de dévouement généreux, pour l'amélioration des classes laborieuses.

Turgot, appelé au pouvoir par Louis XVI, rétablit aussitôt la libre circulation des grains dans l'intérieur, et entreprit ces belles réformes sur l'abolition de la corvée, la suppression des jurandes, le libre transport des vins et le soulagement des misères publiques, qui faisaient dire à l'in-

---

[1] Vie de Colbert, par M. Pierre Clément.

fortuné monarque : « Il n'y a que M. Turgot et moi qui
« aimions le peuple. »

Cependant les hommes intéressés aux abus, et il y en a
malheureusement toujours, se déchaînèrent contre le ministre réformateur, qui fut forcé de quitter les affaires en
1776, et presque toutes ses réformes disparurent sous ces
successeurs.

2°

Le Gouvernement doit faciliter la rapide répartition des
grains étrangers entre les consommateurs, de manière à ce
que le grain surabondant dans un lieu soit porté dans les
lieux où il est plus rare.

Il s'efforcera, pour cela, d'obtenir la réduction des tarifs
des chemins de fer et des canaux pour le transport des
denrées alimentaires, en établissant en même temps, sur
ces voies de circulation et sur les routes ordinaires, des
services analogues à ceux qu'il a mis à la disposition du
commerce sur la voie de mer, pour hâter les arrivages des
navires. Ainsi, il facilitera l'écoulement des grains au moyen
de ses chevaux du train d'artillerie et des équipages mili-
taires, sans toutefois se charger lui-même des transports
et sans faire une concurrence imprudente à l'activité et à
l'industrie privées.

« Le bonheur des nations, dit Malthus, est en raison de
« la libéralité qui règne dans la répartition des aliments,
« puisque le bonheur dépend du rapport de la population
« à la quantité de ces aliments. »

On reconnaîtra que le Gouvernement doit s'efforcer de favoriser cette répartition même dans les années ordinaires, en observant combien la production des céréales et les ressources alimentaires varient dans les diverses parties du royaume.

Ainsi, dans le département du Gers, la surface occupée par les blés est de . . . . . . 144,667 hectares.
et dans la Creuse, de 1,200

La production du froment dans le
département du Nord est de. . . 2,212,600 hectolitres.
dans la Creuse, de 10,214

Inégalités rendues plus sensibles encore par celle du rendement qui est dans le Nord, de 20 hectol. 74 par hectare,
et dans la Creuse, de 8 — 25 —

Enfin, il y a une différence de 10 francs entre le prix du blé à Marseille et à Metz, quand les blés de toute la France valent en moyenne 18 à 19 fr. l'hectolitre. Aussi, remarque-t-on des différences correspondantes dans la consommation individuelle qui est de 3 hect. 07 de froment dans le département du Gers, et de 0 — 18 dans le Cantal, tandis que la ration généralement admise, par personne et par an, est en moyenne de 3 hectolitres [1].

C'est par l'amélioration des services du transport intérieur que l'on peut espérer de voir presque entièrement disparaître ces anomalies, et d'égaliser autant que possible la condition alimentaire des consommateurs.

Obtenir cette juste répartition et s'efforcer d'établir une

---

[1] M. Moreau de Jonnès, *statistique des céréales.*

proportion équitable entre les salaires et le prix des subsistances, améliorer enfin les conditions du travail, et par
conséquent le sort des classes laborieuses, tel doit être le
but de l'économie politique, qui, suivant la belle expression
de M. Sismondi, est la *théorie de la bienfaisance*.

Sous ce rapport les efforts généreux de l'Ecole sociétaire
méritent nos respects, mais Turgot avait dit longtemps ayant
elle :

« Dieu en donnant à l'homme des besoins, en lui ren-
« dant nécessaire la ressource du travail *a fait du droit de
« travailler la propriété de tout homme,* et cette propriété
« est la première et la plus imprescriptible de toutes [1]. »

Repoussons loin de nous cette cruelle maxime économique qui s'est propagée en Angleterre, et qui, flétrissant la
pauvreté à l'égal du crime, condamne impitoyablement les
victimes de la misère au lieu d'en poursuivre courageuse-
ment les causes. Rappelons plutôt au grand banquet de
la famille humaine améliorée et aux nobles jouissances de
l'aisance, tous ces malheureux que de froids théoriciens
voudraient en repousser, et, au lieu d'inventer des institutions nouvelles contre les misérables, réformons celles qui
tendent à créer la misère.

Nous devons rendre hommage à l'école économiste
française [2], quand elle proclame que le but de l'économie
politique est d'accroître le bien-être du plus grand nombre,
et de le faire descendre jusqu'au dernier degré de l'échelle
des travailleurs.

[1] Turgot, préambules de l'édit sur les jurandes.
[2] MM. Rossi, Blanqui, Villeneuve - Bargemont, Wolowski, Michel
Chevalier, Pagès de l'Arriége, Léon Faucher, etc., etc.

Honorons surtout les hommes qui veulent comme M. de Sismondi, que la science soit *bienfaisante,* et proclamons avec M. de Villeneuve-Bargemont que pour être bienfaisante, il faut qu'elle soit *chrétienne.*

La science et la charité doivent, en effet, pour triompher, se prêter un mutuel appui et concourir au même but, le soulagement éclairé de l'humanité.

En d'autres termes, la science doit se faire charitable et la charité devenir une science.

L'ignorance, a dit un ancien économiste italien[1], est la pire des pauvretés; l'égoïsme scientifique, ajouterons-nous, est la plus méprisable des impuissances.

L'alliance de la foi, qui allume le dévouement, et de la science, qui le guide, est donc nécessaire aux succès des généreux apôtres qui travaillent avec une si persévérante ardeur à l'amélioration de la grande tribu humaine.

Que les économistes soient chrétiens, que les chrétiens se fassent économistes, et la plupart des problèmes sociaux, en apparence insolubles, qui épouvantent aujourd'hui la raison, se résoudront comme d'eux-mêmes.

3°

Enfin, le Gouvernement rassurera les esprits, et déjouera en même temps les manœuvres coupables qui ont lieu sur les marchés intérieurs, en donnant la plus grande publicité

---

[1] L'abbé Paoletti, 1769.

aux arrivages, à mesure qu'ils s'effectueront dans les ports.

Un médecin prévoyant s'efforce toujours de raffermir le moral de son malade en même temps qu'il soulage le mal physique dont il est atteint; quand il y a disette, le médecin, c'est le Gouvernement; le malade, c'est la nation. Rassurer son esprit et calmer ses anxiétés, ce sera déjà modérer une partie de ses souffrances.

La peur de la disette produit la disette, l'inquiétude pèse d'un poids inévitable sur le cours des mercuriales, que l'espoir et la confiance font au contraire fléchir.

L'annonce d'un arrivage important ne met pas immédiatement un seul grain de plus à la portée du consommateur éloigné, mais elle remonte son courage, tempère ses terreurs, et rend le sang-froid et la modération à ses calculs, en même temps qu'elle excite les détenteurs de grains à livrer leurs réserves à la consommation.

L'apparition d'un sac de blé étranger sur un marché n'augmente pas d'une manière appréciable l'approvisionnement de ce marché, et pourtant elle procure un soulagement immédiat aux populations ; car elle réduit aussitôt le prix de tous les grains qui s'y trouvent.

Nous avons dit quelle doit être l'action du Gouvernement aux époques de crise. Celle qu'il aura à exercer en temps ordinaire n'est pas moins importante. Des améliorations de tous genres sont réclamées par l'agriculture, et signalées tous les ans par les congrès et les autres associations agricoles à l'attention du Gouvernement.

La nouvelle législation de l'Angleterre sur les céréales va y rendre les importations plus considérables et plus régulières; qui mieux que la France peut se charger de la pourvoir! Nous avons vu, il est vrai, que les excédants en grains ne donneront probablement jamais lieu de la part de celle-ci à de fortes exportations, mais elle a près d'elle une possession merveilleusement placée pour cela, c'est l'Algérie.

L'Algérie bien administrée se peuplera rapidement, et les terres d'une incomparable fertilité qu'elle renferme deviendront à la fois le grenier d'approvisionnement de l'Angleterre, et, en cas de disette, le grenier de réserve de la France.

C'est ainsi que l'agriculture puissamment secondée dans notre belle province d'Afrique pourra enrichir le pays sans faire concurrence à ses travailleurs, et viendra au secours de sa population quand son alimentation sera compromise.

Dans l'intérieur, des encouragements aussi puissants doivent être donnés à notre agriculture, qui a encore, ainsi que nous l'avons vu[1], à améliorer l'alimentation, par conséquent le bien-être de 14 millions de travailleurs, et qui selon M. de Gasparin, peut voir s'élever sa production en blé de 13 à 30 hect. par hectare.

L'instruction, accordée plus libéralement au peuple de nos campagnes, y répandra le progrès et l'aisance; elle y développera le sentiment plus élevé du devoir en même temps que la notion plus juste des droits, accroîtra la dignité de l'homme en lui donnant la mesure de sa propre valeur, et fera naître en lui des besoins nouveaux; or, ce sont les besoins graduellement croissant qui marquent les degrés parcourus par les peuples dans l'échelle de la civilisation.

[1] Page 8.

« La nation la plus civilisée, dit J. B. Say, n'est pas celle
« où il se trouve quelques grands hommes, mais celle où il
« se rencontre le moins grand nombre d'hommes ignorants
« et grossiers. »

Les cultivateurs, en voyant améliorer leur sort et accroître leurs besoins, c'est à dire en acquérant de plus en plus
le goût du bien-être matériel, offriront une population nouvelle de consommateurs à nos fabriques qui trouveront
ainsi autour d'elles le plus riche et le plus sûr des marchés.
Ne sera-ce pas là une réalité préférable au rêve de marchés
imaginaires qui nous seront toujours enlevés par les peuples
dont l'existence même repose sur le commerce et la fa-
brication manufacturière.

C'est ainsi que toutes nos industries se prêtant un mutuel
secours et devenant solidaires les unes des autres, verront
leur prospérité s'élever à sa plus haute expression, et
fortifieront encore par leur union cette puissante unité qui
fait la force et la splendeur de la France.

Loin de redouter l'agrandissement de l'agriculture, le
Gouvernement doit donc reconnaître qu'il est de son intérêt
de le favoriser de tout son pouvoir. L'organiser fortement
deviendrait l'objet principal de ses préoccupations s'il com-
prenait parfaitement la puissance de sécurité et de conservation qu'elle recèle. N'est-il pas admirable, en effet, que le
nombre et la force physique se trouvent du même côté que
l'ordre !

Nous avons fait voir ce que fut sous l'administration des
deux derniers siècles, la condition de celui qu'on appelait
alors le *laboureur ;* l'administration de l'Empire et celle de
la Restauration ne lui ont pas été beaucoup plus favorables ;
cette dernière témoigna, il est vrai, des sympathies parti-

culières à la propriété foncière, mais on sait que celle-ci diffère essentiellement de l'industie agricole proprement dite avec laquelle on a tort de la confondre quelquefois, et que les plus grands propriétaires de France en sont souvent les plus pauvres agriculteurs.

Enfin, de nos jours encore l'agriculture est sans influence dans les conseils du Gouvernement, bien qu'elle y soit représentée par un ministre honnête homme, dont personne ne met en doute le zèle et le dévouement pour la défense de ses intérêts.

Quelle que soit la cause de cette indifférence, on pourrait presque dire de cet éloignement de l'administration, à quelque régime qu'elle appartienne, pour l'agriculture, on reconnaîtra que le Souverain n'a aucun motif de les partager, et que l'intérêt de la royauté et celui de l'administration ne sont pas tout-à-fait et toujours les mêmes en ce qui la concerne.

Si la première qui est permanente, a besoin de s'appuyer sur une force permanente, il peut paraître préférable à la seconde, qui est mobile, de se reposer sur des influences passagèges.

La première doit donc aimer le progrès agricole parce qu'il la consolide; la seconde redoute les innovations parce qu'elles peuvent l'ébranler.

Isolés dans leurs champs et peu sensibles aux faveurs, soumis aux lois, mais peu accessibles à l'ambition, fort dévoués aux institutions, mais fort peu aux partis politiques, rompus au travail productif, mais point à l'intrigue, savants enfin dans l'art qui nourrit et enrichit le pays, mais ignorants dans celui des spéculations et de l'agiotage qui le ruinent et l'affament, les agriculteurs sont dans des conditions réelles d'indépendance, mais cette indépendance qui est une garantie pour celui qui règne peut devenir un péril pour ceux qui gouvernent ; elle est donc à la fois profitable au premier et quelquefois incommode au second.

Voilà peut-être pourquoi l'agriculture a toujours été peu *populaire* dans les hautes régions administratives, et pourquoi elle doit trouver plus de faveur dans des régions plus élevées encore où domine l'intelligence suprême qui, embrassant d'un seul regard tous les intérêts, les mesure à leur valeur réelle, parce qu'elle est elle-même dégagée de tout intérêt étroit, exclusif ou passager.

Toutefois, un homme d'État doué de la conscience de sa force ou de son génie, placera, comme le grand ministre d'un peuple voisin, sa noble ambition dans l'exécution courageuse de sages réformes et l'accomplissement de grands desseins, et, la pensée fixée sur l'histoire, il s'identifiera intimement au pouvoir souverain qu'il est appelé à servir ; si donc l'avenir nous tient encore en réserve des Suger ou des Sully, ils prendront certainement leur point d'appui sur l'agriculture, comme pouvant seule offrir au Gouvernement du pays les conditions les plus sûres de stabilité, de force et de grandeur.

En donnant ainsi un rapide et puissant élan à la prospérité publique, tout en assurant celle des classes les plus morales et les plus amies de l'ordre, ils inaugureront à la fois une politique de progrès et de moralité, qui relevera la dignité du pouvoir, et lui conciliera la reconnaissance et l'amour de ces classes.

Or, la considération est le prestige de ce pouvoir comme le respect des peuples est la sauve-garde des trônes.

RÉSUMÉ.

Voici en deux mots, pour nous résumer, les motifs et la substance du système que nous proposons.

Le Gouvernement peut seul, dans les moments de crise, prescrire les mesures capables d'en atténuer les effets.

Donc, son premier besoin est de *connaître* exactement l'étendue et la profondeur du mal.

Il est conséquemment indispensable qu'il puisse constater, chaque année, de la manière la plus pré-

cise, la situation réelle du pays quant aux approvisionnements et aux ressources alimentaires qu'il
possède.

Mais quelle que soit à cet égard sa bonne volonté,
cette constatation lui est rendue complètement
impossible par l'absence d'un bon système de statistique annuelle des produits agricoles.

Il pourrait obtenir cette connaissance par l'adoption des mesures suivantes :

1°

Il sera institué dans chaque commune *un comité
de statistique agricole*, chargé de remplir les tableaux destinés à faire connaître à l'administration
les ressources alimentaires du pays.

Ce comité, nommé au scrutin par le Conseil municipal, et composé de deux à six membres selon la
population de la commune, sera convoqué chaque
année par le Préfet.

Le greffier de la mairie lui sera adjoint, et le
garde-champêtre l'assistera dans ses opérations.

Le comité aura à remplir tous les ans, du 1ᵉʳ au 10 mai, un tableau [1] indiquant :

Les quantités de terre ensemencées en chaque espèce de produit.

Et du 1ᵉʳ au 10 octobre, un second tableau [2] indiquant :

Les existences animales;
Les réserves en vieux grains;
Les résultats de la dernière récolte par nature de produits;
Le rendement, le poids et la qualité des grains nouveaux.

Ces tableaux seront adressés au Préfet aussitôt après avoir été remplis.

Celui-ci, en cas de négligence de la part des communes, fera faire d'office ce travail à leurs frais, soit par un arpenteur géomètre, soit par tout autre agent désigné par lui à cet effet.

Les documents fournis par les communes seront remis par le Préfet à l'assemblée d'agriculteurs

---

[1] Le tableau A qui sera uniformément adopté par toutes les communes.

[2] Le tableau B.

chargée de les coordonner et de dresser au chef-lieu la statistique du département.

2°

Une chambre d'agriculture, composée d'autant de membres qu'il y a de cantons, sera instituée dans chaque département.

Les membres de la chambre d'agriculture seront nommés au scrutin par un corps électoral réuni au chef-lieu du canton, et composé des membres des *comités communaux*.

La chambre d'agriculture sera convoquée par le Préfet en vertu d'une ordonnance royale, qui déterminera l'époque[1] et la durée de sa session, dont le terme ne pourra toutefois excéder huit jours.

La principale attribution des chambres d'agriculture sera de dresser chaque année la statistique des ressources alimentaires du département.

Cependant elles seront appelées, en outre, à don-

---

[1] On a vu que sa réunion doit avoir lieu vers le 15 octobre.

ner leur avis sur sa situation économique, et émettront des vœux sur les mesures qui leur paraîtraient de nature à accroître la prospérité agricole et la richesse de la France.

Enfin elles pourront être consultées sur les questions de législation et d'administration, de droits et de tarifs à la douane, qui intéressent l'agriculture.

Toutes propositions et discussions politiques seront formellement interdites à ces chambres.

Leurs attributions ne différeront donc point, si l'on en excepte la formation de la statistique, de celles de nos congrès actuels d'agriculture; seulement elles recevront un caractère légal qui manque à ces derniers.

Aussitôt que le travail des chambres d'agriculture sera terminé, il devra être transmis au Ministre de l'agriculture et du commerce, qui groupera à son tour les résultats obtenus dans tous les départements, et pourra embrasser ainsi, d'un seul coup d'œil, la situation alimentaire du pays tout entier.

Il est évident que ce ministre, aidé par une semblable organisation, et muni des renseignements précis qu'elle lui aura permis de recueillir, sera en mesure d'apprécier sainement les besoins réels, et de mettre en action, à propos, tous les moyens dont il peut disposer pour les satisfaire.

C'est ainsi qu'il lui deviendra possible de prévenir, ou, du moins, d'atténuer autant que la gravité des circonstances le lui permettra, les crises qui menacent le pays, et de garantir le plus pressant de tous ses intérêts, celui de son alimentation.

Sans doute le système que nous osons proposer dans cet écrit peut être modifié, complété et amélioré ; mais nous sommes fermement convaincu qu'il renferme, sinon l'ensemble complet, au moins les éléments de la seule organisation pratique capable de produire des résultats sérieux.

TABLEAU A,

*Devant être rempli et transmis au Préfet
avant le 15 mai.*

Année 18

Quantités de terre ensemencées en 1 : (On bâtonnera tous les produits qui n'existent pas dans la commune.)		Hectares.	Arcs.	Centiares.	QUANTITÉ de semences em- ployées par hectare.	OBSERVATIONS.
CÉRÉALES	Froment . . .					
	Seigle					
	Méteil					
	Orge					
	Avoine . . .					
	Maïs et millet . .					
	Sarrazin. . . .					
FARINEUX	Pommes de terre .					
	Pois					
	Haricots. . .					
	Lentilles . . .					
	Patates					
	Chataignes . .					
RACINES.	Betteraves . . .					
	Carottes. . . .					
	Navets					
	Topinambours . .					
PRODUITS des jardins et vergers.	Légumes divers .					
PLANTES oléagineuses.	Colza					
	Navette					
	Lin					
	Chanvre. . . .					
PLANTES fourragères.	Trèfle					
	Luzerne. . . .					
	Sainfoin . . .					
PRAIRIES naturelles et pâturages.	Vesce, Gesse, Bisaille					
	Foin					

1 On comprendra dans cette colonne les terres communales en culture ou en pâturage dont la jouissance est commune.

Département

de

d COMMUNE

TABLEAU B,

Devant être rempli et transmis au Préfet
avant le 15 octobre.

EXISTENCES ANIMALES.	nomb. des animaux	RACES	Nature des Produits. (On bâtonnera ceux qui n'existent pas dans la commune.)	PRODUIT moyen, par hectare en pailles, foins et fourrages. bot. de 5 k	PRODUIT moyen par hectare, en grains, résult. du rendem. des prem. battages rendem. des racines hectolitres.	POIDS DES GRAINS.	QUALITÉ des produits	Restes en magasin des dernières récoltes.	OBSERVATIONS.
Taureaux et taurillons.			Froment . . .						
			Seigle. . . .						
Bœufs. . .			Méteil. . . .						
			Orge.. . .						
Vaches et génisses..			Avoine. . .						
			Maïs et millet. .						
Veaux.. .			Sarrazin . . .						
Béliers . .			Pommes de terre						
			Pois. . . .						
Moutons et brebis. .			Haricots . . .						
			Lentilles . . .						
Antenois et agneaux .			Patates. . . .						
			Chataignes . .						
Porcs. . .			Betteraves. . .						
Étalons destinés à la monte. .			Carottes . . .						
			Navets . . .						
Chevaux entiers . .			Topinambours .						
			Légumes divers. .						
Chevaux hongres. .			Colza. . . .						
			Navette.. . .						
Juments. .			Lin.						
Élèves.. .			Chanvre . . .						
			Trèfle. . . .						
Mulets . .			Luzerne.. . .						
			Sainfoin.. . .						
Anes. . .			vesce, gesse, bisaille						
			Foin.. . . .						

Département
de
COMMUNE
de

TABLEAU C.

Nom de l'exploitant.	(Prénoms.)	(Domicile.)

TERRES ENSEMENCÉES EN :	hectares	ares.	cent.	Nos des parcelles.	OBSERVATIONS.
CÉRÉALES — Froment					
Seigle.					
Méteil.					
Orge					
Avoine.					
Maïs et millet . .					
Sarrazin					
FARINEUX — Pommes de terre .					
Pois					
Haricots					
Lentilles. . . .					
Patates					
Chataignes . . .					
RACINES. — Betteraves . . .					
Carottes					
Navets.					
Topinambours . .					
PRODUITS des jardins et vergers. — Légumes divers. .					
PLANTES oléagineuses. — Colza					
Navette					
Lin.					
Chanvre					
PLANTES fourragères — Trèfle					
Luzerne					
Sainfoin					
PRAIRIES naturelles et pâturages. — Vesce, gesse, bisaille.					
Foin					

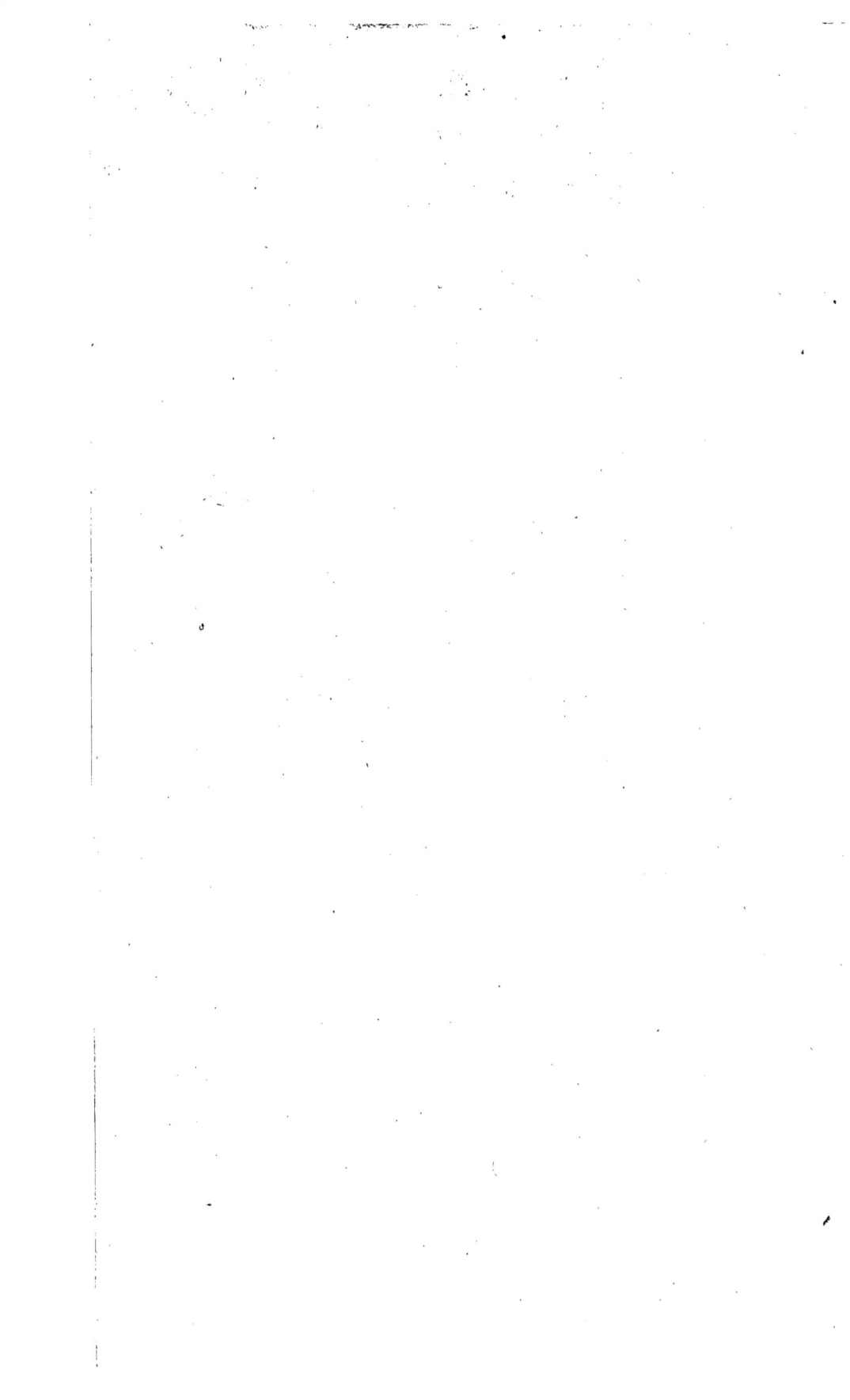

.

www.ingramcontent.com/pod-product-compliance
Lightning Source LLC
Chambersburg PA
CBHW071247200326
41521CB00009B/1662